Danielle Darrieux

Amoureuse Romantique

Guy Deloeuvre

Copyright © 2018 Guy Deloeuvre

Tous droits réservés.

Table des matières

Amoureuse passionnée 1

Longues carrières 8

Danielle un astre 20

Le "train de la honte" 39

Pas si légère 60

"Terrorisée" par la mort 63

C'est le paradis 72

Les leçons de vie 75

Fin 84

Amoureuse passionnée

Ils sont quatre et ont tous grandement compté dans la vie personnelle comme professionnelle de l'iconique actrice française décédée à l'âge de 100 ans. Née le 1er mai 1917, Danielle Darrieux a commencé sa carrière à 14 ans, contre vents et marées. Alors que sa mère rêvait plutôt de la voir dans la musique (elle était professeur d'une époque où il n'était pas bien vu pour une jeune fille de se lancer devant les caméras). Quatre plus tard, elle tombe amoureuse d'Henri Decoin, un cinéaste qui a vingt-sept ans de plus qu'elle. Elle deviendra sa muse dans de nombreux films et sa femme de 1935 à 1941.Elle a 18 ans lorsqu'elle rencontre Henri Decoin, cinéaste aux neuf vies, ex-champion de natation, aviateur pendant la Première Guerre mondiale, puis journaliste sportif et enfin réalisateur de films. C'est sur le tournage de L'or dans la rue que leur connexion se fait, immédiate. Henri a tout compris et prend la jeune Danielle sous son aile. "Sans lui, je ne serais plus actrice", confiait l'intéressée à L'Express en 1997. Il lui a "ouvert les yeux sur ce métier". "Il était très beau, se souvient-elle. À 18 ans, j'étais persuadée que lorsqu'on tombait amoureuse d'un homme, il fallait absolument se marier avec lui." Elle projette sur lui une figure amoureuse mais aussi paternelle : "Mon père me manquait. C'est pour ça que... Decoin avait cette maturité que je recherchais. Je voulais trouver un papa, un compagnon, un mari. Notre mariage a duré cinq ans durant lesquels il m'a offert quelques-uns de mes plus beaux rôles." C'est aussi lui qui accompagnera Danielle à Hollywood lorsque la belle ingénue signe un contrat avec

Universal – qu'elle va rapidement rompre pour revenir en France. Ensemble, ils tourneront de nombreux films comme Abus de confiance (1938), Retour à l'aube (1938), Battement de cœur (1939), Premier rendez-vous (1941), mais aussi bien après leur divorce, leur plus belle collaboration, La Vérité sur Bébé Donge (1952). "Nous sommes restés proches même après notre divorce", aime à rappeler l'actrice. "J'ai toujours eu une absolue confiance en lui et je lui ai obéi en tout, dit-elle dans une biographie parue en 1995. Sans ses conseils, son flair et son appui, je serais sans aucun doute restée une jolie fille chantant et bêtifiant dans des productions mineures et j'aurais probablement quitté le métier assez rapidement. Il a su me mettre en valeur et me persuader que je pouvais jouer de grands rôles dramatiques. Il a même écrit pour moi, m'imposant ainsi dans un emploi où personne ne m'imaginait et ne me voulait. Il m'encourageait quand je perdais confiance ou quand je voulais abandonner. C'est à lui et à lui seul, que je dois d'être ce que je suis devenue. « La Seconde Guerre mondiale, Danielle Darrieux la vit "dans l'inconscience la plus totale". "J'étais follement amoureuse d'un diplomate étranger, un play-boy merveilleux qui s'appelait Portofirio Rubirosa. Demandez aux autres filles qui l'ont connu, elles vous répondront toutes qu'il était le charme incarné. C'était un homme courageux, adorable et qui possédait un grand cœur. De toute façon, je ne me serais jamais attachée à lui, sinon", raconte la comédienne au magazine Studio. Pour lui, elle prendra les plus grands risques. Elle accepte ainsi de tourner pour la Continental, une firme fondée par Goebbels à des fins de propagande nazi. C'est Decoin qui lui conseille d'accepter. "J'ai fait Premier rendez-vous,

Caprice, La Fusse Maîtresse", se rappelle-t-elle. Puis vient le drame : "Et alors que j'étais en plein tournage, ils ont arrêté Rubirosa et l'ont emprisonné à Baden dans un camp surveillé pour diplomates étrangers. J'étais folle amoureuse et on m'arrachait l'homme de ma vie, j'étais désespérée." Darrieux songe alors à quitter la France, comme Gabin ou Morgan. Mais la Continental ne l'entend pas de cette oreille et n'hésite pas à la faire chanter. Si elle part, elle deviendra veuve, et si elle ne fait ce qu'on lui intime de faire pour la Continental, son mari espion sera fusillé. Alors Danielle s'exécute, par amour, au risque de passer pour une collabo. "Les gens murmuraient dans mon dos. Ils disaient : 'Quelle horreur ! Danielle Darrieux est dans la collaboration.' Mon Dieu ! Ils ne savaient rien ! Je n'étais qu'une femme amoureuse", assure-t-elle. Lorsqu'il est enfin libéré, elle s'échappe avec lui. "Quand il est revenu, nous sommes partis en zone libre, avant d'être installés à Megève en résidence surveillée. Nous n'avions pas le droit de sortir. C'était une période douloureuse. Des hommes et des femmes disparaissaient et on ne savait pas encore qu'ils étaient déportés... Mais j'étais avec l'homme que j'aimais alors... J'aurais fait n'importe quoi pour le sauver." Après la guerre, Danielle Darrieux prend ses distances avec le cinéma. "À cause de mon contrat avec la Continental, j'ai même été convoquée par un service d'épuration, se rappelle l'actrice. Devinez qui ils avaient engagé ? Henri Decoin, celui qui m'avait poussée à travailler pour eux ! Il a été tellement surpris de me voir qu'il a immédiatement réglé le problème en haut lieu. « En 1948, lorsque Georges Mitsinkidès est présenté à Danielle par son frère Olivier, il espère un piston. Les deux s'entendent bien, le coup de foudre ne tardera pas. Mais deux fois divorcée, l'actrice a des doutes. Et accessoirement, même si elle n'a jamais caché avoir été attirée par des comédiens, elle n'a jamais rêvé de tomber amoureuse de l'un d'eux. Alors Georges, dit "Midi", abandonne ses rêves et décide de devenir scénariste et auteur dramatique. Ils resteront mariés jusqu'en 1991, à la mort de Mitsinkidès. Ensemble, ils adopteront un enfant, Mathieu. Avec Georges, elle songe à arrêter le cinéma. "Avec Georges, on voulait avoir une grande ferme de 300 hectares pour devenir paysans. On partait visiter des exploitations, mais Georges ne me trouvait pas très sérieuse quand je courais embrasser tous les veaux", s'amuse Danielle. C'est lorsqu'elle rencontre Max Ophüls qu'elle revient au septième art. À la mort de son troisième mari, Darrieux a "dû quitter les arbres et la nature", elle revient à Paris. Avec Jacques, c'est comme revenir à ses premiers amours : la musique. Musicien de métier, avec vingt ans de moins que sa dulcinée, Jacques Jenvrin sera le dernier grand amour de Danielle Darrieux et le seul avec qui elle ne se mariera pas. Leur amour n'en restera pas moins fort. Après avoir été la paysanne secrète, elle devient la nomade, voyage avec son homme. C'est lui qui accompagnera l'iconique star jusqu'à son dernier souffle, ce mercredi 18 octobre. Son état s'était "un peu dégradé récemment, après une petite chute", avait-il indiqué à l'AFP. Mardi "elle s'est endormie, on peut dire ». C'est loin des stars et des caméras, ce mercredi 25 octobre, que Danielle Darrieux a été enterrée. Il s'agissait des dernières volontés de l'iconique actrice française, décédée le 18 octobre dernier à l'âge de 100 ans. Être entourée des siens, de ses proches et de ses amis, en la petite église Saint-Jean-Baptiste de Bois-le-Roi. Un lieu où venait souvent avec les Amis du patrimoine et qu'elle connaissait comme sa poche. Et c'est sans stars, ou presque, que la comédienne a été célébrée une dernière fois. Les peoples ne viendront pas ici, ils iront là-bas", a sobrement déclaré le diacre de la cérémonie, assistant le père Raymond Hérisset, curé de la commune de l'Eure. Et il avait raison, puisque, outre des amis proches comme Dominique Lavanant et son ami Jean-Yves Bouvier, les autres visages n'étaient pas ceux que l'on croise régulièrement à Paris, à chaque grande cérémonie d'adieu. Anne Hidalgo, maire de la capitale, était pourtant prête à ouvrir n'importe quelle église de Paris pour accueillir Danielle Darrieux et lui offrir un dernier adieu digne de ce nom, à l'instar de ceux récents de Mireille Darc et Jean Rochefort. Mais la décision était déjà prise. À la sortie de l'office près du cercueil, Jacques Jenvrin, dernier compagnon et grand amour de Danielle Darrieux, recevait le soutien des proches, entre accolades chaleureuses et applaudissements nourris avec, en fond sonore, la voix si juste de Danielle Darrieux, celle que l'on peut notamment entendre dans Les Demoiselles de Rochefort, pour accompagner sa dépouille. "Elle est partie comme elle le souhaitait, vêtue de blanc, avec des fleurs blanches autour d'elle", se félicite dans Le Parisien Jacques Jenvrin. "Je suis bouleversée. Je l'adorais, c'est une femme éblouissante, unique, exceptionnelle et d'une générosité incroyable. Une femme comme on n'en fait plus", confie de son côté Dominique Lavanant, que l'on a vue très émue sur le parvis de l'église. La famille et quelques proches ont ensuite pris la direction de Marnes-la-Coquette, où Danielle Darrieux avait choisi d'être inhumée, aux côtés de son troisième et dernier mari, le père de son fils décédé à l'âge de 40 ans (Mathieu), Georges Mitsinkidès. Là encore, le monde du spectacle était absent. Outre Dominique Lavanant, on a pu quand même pu croiser Dominique Besnehard au côté de Line Renaud... Mais rien de plus. Star parmi les stars, aux côtés des Presle, Morgan et plus tard Deneuve ou Bardot, Danielle Darrieux a longtemps été épiée par les médias. Sa vie amoureuse était décryptée. À l'image de Paris Match qui, à la sortie du Rouge et le Noir de Claude Autant-Lara en 1954, disait : "Pendant vingt-trois ans, Danielle Darrieux a été fantasque, saugrenue, infidèle et capricieuse..." en référence à ses trois mariages et à ses folles aventures, entre la France, Hollywood et l'Allemagne. Après coup, "DD", qui est décédée ce 18 octobre à l'âge de 100 ans, s'est éloignée de la médiatisation et a trouvé refuge à la campagne. C'est à ce moment qu'elle adopte son fils unique, Mathieu, avec son troisième époux Georges. On ne connaît pas ses origines, ni à quel âge il a été adopté ou encore pourquoi Danielle Darrieux n'a jamais eu d'enfants biologiques. Toujours est-il qu'à l'âge adulte, le jeune homme s'est dévoilé. Il était au côté de sa mère dans Une chambre en ville (1982), de Jacques Demy. Elle était devant la caméra, lui l'admirait en tant que régisseur stagiaire. Mais l'histoire de Mathieu avec le septième art se limitera à cette petite expérience. Pourtant, des liens avec le cinéma, il en a. Outre sa mère adorée, Mathieu était marié depuis 1985 à Sylvie Poiret, la fille de Jean Poiret (La Cage aux folles, Le Dernier Métro) et de l'écrivaine Françoise Dorin. Ensemble, ils ont eu deux enfants dont un, Thomas, a prêté son nom à un café-théâtre que ses parents ont ouvert à Vannes en 1988. Sur une scène de cinq mètres sur trois, ils ont accueilli de grands acteurs de théâtre qui s'aventuraient rarement hors de Paris et recevaient "autant que le Petit Marigny pour quatre représentations par semaine". Derrière ce rêve, Sylvie Poiret qui voulait fuir la vie parisienne. Le but était aussi de "promouvoir tout spectacle de qualité, d'y ouvrir une école de théâtre pour révéler des personnalités d'acteurs". Mais le projet finira par couler, pour rouvrir sous d'autres noms dont le Jam Session. Sylvie Poiret, même après la mort brutale de Mathieu en juin 1997 (il avait 40 ans), restera la propriétaire des lieux. Quant à Danielle Darrieux, rares furent les moments où elle évoqua son fils. En 1999, elle se confie à Studio et évoque cette période douloureuse. "En quatre ans, j'ai perdu mon mari, mon fils unique, ma sœur et mon frère, alors... Je ne suis pas pratiquante. Je ne crois pas en quelqu'un et, pourtant, je sais qu'il y a autre chose qui nous attend et qui nous dépasse... On n'est pas là, planté sur terre comme un simple bout de viande, à attendre que la mort vienne nous chercher", philosophait-elle. Avant d'ajouter : "La mort me fait moins peur aujourd'hui qu'hier... La mort, c'est surtout perdre ceux qu'on aime. « Après la guerre, elle a pris une dimension internationale, notamment grâce aux films de Max Ophüls (La Ronde, Le Plaisir). Elle sera également au cœur de la Nouvelle Vague, avec Claude Chabrol dans Landru (1962) et Jacques Demy dans Les Demoiselles de Rochefort, avant d'apparaître à nouveau aux côtés de Catherine Deneuve dans Le Lieu du crime en 1986. Parallèlement, elle poursuit une carrière brillante au théâtre, couronnée d'un Molière d'honneur en 1997. Plus récemment, on l'avait vu dans 8 Femmes de François Ozon ou encore Nouvelle chance d'Anne Fontaine. « Je suis née le jour même où partout en France on vend du muguet", s'amusait, dans ses souvenirs, cette actrice aux 103 films et à la trentaine de pièces, archétype de la beauté féminine pour toute une génération. Elle vit aujourd'hui dans l'Eure. Selon son entourage qui s'est confié à l'AFP, "elle n'est plus en mesure de se déplacer mais physiquement elle va bien". Elle a été l'inoubliable partenaire de Charles Boyer dans La Ronde (1951), de Jean Gabin dans La Vérité sur Bébé Donge (1953) ou de Gérard Philipe dans Le Rouge et le Noir (1954). Danielle Darrieux, dont la moue boudeuse faisait la joie des photographes, a aussi tourné aux Etats-Unis, comme dans L'Affaire Cicéron de Joseph Mankiewicz, en 1952. Le succès mondial de Mayerling, son premier rôle tragique datant de 1936, lui ouvre les portes d'Hollywood. Légende qui transcende les générations de son vivant, Danielle Darrieux a inspiré les jeunes réalisateurs comme François Ozon (Huit femmes, 2002). "C'est la seule femme qui m'empêche d'avoir peur de vieillir", disait Catherine Deneuve, partenaire dans ce film. (Pure people).

Longues carrières

Danielle Darrieux, née le 1er mai 1917 à Bordeaux (Gironde) et morte le 17 octobre 2017 à Bois-le-Roi dans l'Eure, est une actrice et chanteuse française. Au cours d'une des plus longues carrières cinématographiques — 110 films sur huit décennies —, elle a traversé l'histoire du cinéma parlant de 1931 à 2010. Au début de sa carrière, Danielle Darrieux passe des rôles de jeunes filles ingénues dans des comédies musicales, à ceux de jeunes filles romantiques de drames historiques (Marie Vetsera de

Mayerling en 1936, Catherine Yourevska de Katia en 1938). On la voit ensuite notamment dans les mélodrames et les comédies d'Henri Decoin, dont Abus de confiance (1938), Retour à l'aube (1938), Battement de cœur (1939), Premier rendez-vous (1941), La Vérité sur Bébé Donge (1952) et surtout les films de Max Ophüls, qui, après la bourgeoise de La Ronde, lui fera jouer une prostituée dans Le Plaisir et Madame de.... La comédienne mène également une carrière internationale, qui la conduira en Italie, au Royaume-Uni, et aux États-Unis où elle tourne pour Universal Studios, la MGM et United Artists. Vingt ans avant Brigitte Bardot, cette comédienne imposait ses initiales : DD. Née au sein d'une famille de mélomanes, Danielle Darrieux voit le jour à Bordeaux mais passe son enfance à Paris. Son père Jean Darrieux, bordelais, est ophtalmologue ; sa mère Marie-Louise Darrieux-Witkowski qui a des ascendances alsaciennes, polonaises et provençales (familles Witkowski, Boitel, Ehrenpfort, Bez, Guigues, Imbert), est une célèbre cantatrice. Elle a un frère cadet, Olivier (1921-1994), qui deviendra lui aussi acteur. La mort prématurée de son père d'une crise cardiaque, alors qu'elle n'a que sept ans, contraint sa mère à donner des leçons de chant pour subsister. Danielle Darrieux en retire très tôt un goût prononcé pour la musique. Elle est dotée d'une voix menue, mais juste et claire. Elle prend également des cours de violoncelle et de piano, puis, à quatorze ans, entre en classe de violoncelle au Conservatoire national supérieur de musique de Paris. Par l'intermédiaire du mari d'une élève de sa mère, Marie Serta, elle apprend que deux producteurs, Delac et Vandal, recherchent une héroïne de treize ou quatorze ans pour leur prochain film. Elle se présente aux studios d'Épinay et fait des essais qui se révèlent concluants. Elle débute à 14 ans dans Le Bal (1931) de Wilhelm Thiele et, séduisant les producteurs par son allant et sa spontanéité, elle obtient immédiatement un contrat de cinq ans. Ne pensant pas alors exercer le métier d'actrice, elle n'a jamais pris de cours d'art dramatique, préférant entrer à l'École commerciale, puis prendre des cours de dessin à l'académie Julian tout en continuant à jouer du violoncelle, son « violon d'Ingres ».Sa carrière commence avec des rôles de gamine facétieuse et fantasque aux côtés d'acteurs populaires du cinéma français d'avant-guerre : Jean-Pierre Aumont, Henri Garat, Pierre Mingand et surtout Albert Préjean avec qui elle forme, en six films, le couple de charme des comédies musicales françaises des années 1930 (La crise est finie, Dédé, Quelle drôle de gosse...).Dès son premier film, elle chante et interprète, dans bon nombre de ses films (bien souvent dans des compositions de Georges Van Parys), des chansons populaires qui deviendront des succès : La crise est finie, Un mauvais garçon, Une charade et Premier rendez-vous. Durant cette période, elle a aussi tourné dans le film Mauvaise Graine (1933), réalisé par un scénariste autrichien exilé, fuyant l'Allemagne nazie, Wilhelm Wilder, et tourné dans les rues de Paris en décors naturels. « C'était une sorte de film d'avant-garde » dira Wilder. Elle devient, en 1935, l'épouse du réalisateur Henri Decoin, rencontré un an plus tôt lors du tournage de L'Or dans la rue. Il lui fait tourner des comédies comme J'aime toutes les femmes, Le Domino vert, Mademoiselle ma mère... On la surnomme alors « la fiancée de Paris » et elle rencontre déjà le succès : « Le succès, c'est un mystère, j'ai réussi peut-être parce que mon personnage n'était pas courant sur les écrans : je veux dire par là que je n'étais simplement qu'une jeune fille, alors que les autres gamines de quatorze ans jouaient déjà à la vamp. » Toujours en 1935, Anatole Litvak lui offre un rôle plus dramatique : dans Mayerling, elle interprète une fragile et touchante comtesse Marie Vetsera aux côtés de Charles Boyer, déjà star en Amérique du Nord. Le film connaît un succès mondial qui lui ouvre les portes d'Hollywood : elle signe un contrat de 7 ans avec les studios Universal. Accompagnée de son mari, elle s'embarque pour Hollywood et tourne son premier film américain en 1938, La Coqueluche de Paris avec Douglas Fairbanks Jr. Nino Frank, journaliste, déclare : « Danielle Darrieux débute à Hollywood et elle le fait avec une grâce extrêmement nuancée, un charme dépourvu de timidité, un talent qui enchante parce qu'elle est à l'aise et ne le brandit pas comme un drapeau. » Mais très vite elle s'ennuie à Hollywood et préfère casser son contrat pour rentrer en France. Entre-temps, Danielle Darrieux a déjà tourné un film de Maurice Tourneur, Katia qui exploite le succès et la magie de Mayerling. Henri Decoin confirmera également le talent dramatique de Danielle Darrieux avec Abus de confiance et Retour à l'aube, et surtout, profitant de son expérience acquise aux États-Unis, il tourne Battement de cœur. Danielle Darrieux déclare à propos de Henri Decoin : « ... J'ai toujours eu une absolue confiance en lui et je lui ai obéi en tout. Sans ses conseils, son flair et son appui, je serais sans aucun doute restée une jolie fille chantant et bêtifiant dans des productions mineures et j'aurais probablement quitté le métier assez rapidement. Il a su me mettre en valeur et me persuader que je pouvais jouer de grands rôles dramatiques. Il a même écrit pour moi, m'imposant ainsi dans un emploi où personne ne m'imaginait et ne me voulait. Il m'encourageait quand je perdais confiance ou quand je voulais abandonner. C'est à lui et à lui seul, que je dois d'être ce que je suis devenue. » Les trois derniers films de Decoin sont des succès et Darrieux est l'une des vedettes les plus populaires du moment. « ... Le public plébiscite, ovationne Danielle Darrieux. Les femmes portent à son instar des cravates, des jupes souples, les cheveux ondulés et libres sur les épaules... N'est-elle pas (sondage de La Cinématographie française) la plus populaire des vedettes ? N'est-elle pas copiée par toutes les jeunes femmes et jeunes filles qui voudraient posséder son aisance, sa joyeuseté, son élégance jamais tapageuse, toujours dans le vent? » Darrieux tourne un nouveau film avec Decoin, Coup de foudre, mais la guerre est déclarée et le film interrompu restera inachevé. Elle séjourna avec lui dans une villa de style basque de Saint-Palais-sur-Mer (près de Royan, en Charente-Maritime) qui surplombe la plage de Nauzan. Divorcée d'Henri Decoin en 1941, avec qui elle conservera toujours des relations amicales, Danielle accepte, la même année, de tourner dans Premier rendez-vous pour la Continental. « Comme j'avais – à l'instar de beaucoup de mes camarades – tourné en Allemagne avant la guerre, je n'avais pas une idée bien précise de ce que représentait cette compagnie. » Le film et la chanson-titre connaissent un succès énorme. Elle se remarie en 1942 avec Porfirio Rubirosa, rencontré dans le Midi de la France, ambassadeur de la République dominicaine, qui sera soupçonné d'espionnage contre l'Allemagne au point d'y être interné. Alfred Greven, directeur de la Continental, fait subir des pressions à Danielle Darrieux au point d'exiger d'elle, si elle ne veut pas que « la personne qui lui était chère eût de gros ennuis », de tourner deux autres films, Caprices et La Fausse Maîtresse, pour la compagnie. Elle fait également partie du voyage à Berlin en mars 1942 (dans ce qui sera appelé le « train de la honte ») en compagnie d'autres acteurs français sous contrat avec la Continental dont Albert Préjean, René Dary, Suzy Delair, Junie Astor et Viviane Romance. Dans un documentaire diffusé sur Arte au début des années 1990, elle déclarait qu'elle n'était partie en Allemagne, qu'après un accord avec les Allemands, en ayant l'assurance de rencontrer son mari Porfirio Rubirosa qui y était incarcéré. Une fois son mari libéré, elle rompt son contrat avec la Continental et passe la fin de la guerre en résidence surveillée à Megève puis, sous un faux nom, dans la région parisienne. Elle n'est que peu inquiétée à la Libération. Après trois ans d'interruption, Danielle Darrieux revient à l'écran décidée à tourner la page des rôles de jeunes filles écervelées de ses débuts. Après quelques années un peu grises, elle se remarie une troisième et dernière fois le 1er juin 1948 avec Georges Mitsinkidès avec qui elle adopte son unique fils Mathieu, et commence une seconde carrière. Jean Cocteau avait envisagé, quelques années plus tôt, d'adapter La Princesse de Clèves avec Danielle. Après quelques films mineurs, il fait appel à elle pour interpréter la reine d'Espagne dans Ruy Blas (1948) de Pierre Billon avec Jean Marais. Mais c'est Claude Autant-Lara qui, l'employant différemment, lui donne l'occasion de renouer avec le succès avec trois films, un vaudeville Occupe-toi d'Amélie (1949), où elle joue une femme entretenue de la Belle Époque, dans Le Bon Dieu sans confession (1953) où, rouée et ambiguë, elle interprète la garce assumée et Le Rouge et le Noir. À nouveau, Henri Decoin la sollicite et l'impose dans un rôle très noir dans La Vérité sur Bébé Donge (1952) avec Jean Gabin où elle incarne une épouse aimante et bafouée qui devient une meurtrière statufiée. Elle fera deux autres films avec Decoin, un polar, Bonnes à tuer, et un film historique, L'Affaire des poisons, où elle incarne Madame de Montespan. Dans les années 1950, elle retrouve Hollywood pour quelques films. Elle chante et danse dans une comédie musicale aux côtés de Jane Powell dans Riche, jeune et jolie. Elle est choisie par Joseph Mankiewicz pour incarner la comtesse Anna Slaviska dans L'Affaire Cicéron avec James Mason, elle joue également la mère de Richard Burton (pourtant son cadet de 7 ans seulement) dans Alexandre le Grand (1956) de Robert Rossen. Un grand directeur d'actrices va exploiter son talent de tragédienne et, revenu de son exil américain, Max Ophüls fait de Darrieux, au début des années 1950, son égérie. Elle tourne dans trois films majeurs : La Ronde (1951) où elle incarne une épouse infidèle que ni son mari ni son amant ne parviennent à satisfaire ; Le Plaisir (1952) et surtout Madame de... Film qui commence comme une comédie légère et sombre dans le drame. Danielle Darrieux y est comparée à Dietrich et à Garbo. Karl Guérin écrira sur cette collaboration : «de La Ronde au Plaisir, du Plaisir à Madame de…, les personnages interprétés par Danielle Darrieux découvrent la réalité du masque social dont ils finissent par être les victimes. Errant au milieu de tous les bonheurs possibles et jamais réalisés, celle qui fut la plus célèbre ingénue du cinéma français semble de film en film découvrir avec naïveté et étonnement l'univers des sensations et des passions. Parvenir à animer d'un frémissement ce visage et ce corps si ordinairement élégants, parvenir à attirer à la lumière du jour un peu de la femme dissimulée derrière l'image frivole et rassurante chère à l'actrice : voilà l'indice d'un certain plaisir ophulsien dont Danielle Darrieux fut plus que tout autre la victime consentante. » Elle tourne aussi avec les plus grands acteurs de l'époque, tels Jean Gabin, Jean Marais, Jeanne Moreau, Bourvil, Fernandel, Michèle Morgan... Elle donne également la réplique à Gérard Philipe dans deux adaptations de classiques de la littérature, en amoureuse éplorée dans Le Rouge et le Noir (1954) de Claude Autant-Lara d'après Stendhal et en femme d'affaires mêlant autorité et séduction dans Pot-Bouille (1957) de Julien Duvivier d'après Zola, deux énormes succès. Sous la direction de Duvivier, elle est entourée d'acteurs comme Paul Meurisse, Lino Ventura, Serge Reggiani, Bernard Blier... dans un huis clos dramatique, Marie-Octobre (1959). Elle tournera encore avec Marcel L'Herbier, Sacha Guitry, Christian-Jaque, Marc Allégret, Henri Verneuil... En 1954, Danielle Darrieux achète et s'installe dans l'île déserte de huit hectares de Stibiden. La nouvelle vague la fait tourner, Claude Chabrol dans Landru (1962) dans le petit rôle d'une victime assassinée et Jacques Demy lui offre le rôle de la mère de Françoise Dorléac et Catherine Deneuve dans Les Demoiselles de Rochefort (1967). Elle reste, dans cette comédie musicale, la seule comédienne non doublée au chant. Parallèlement, elle retourne au théâtre. Après avoir fait ses débuts en 1937 dans une pièce d'Henri Decoin Jeux dangereux et quelques pièces au cours des deux décennies suivantes (Sérénade à trois de Noël Coward, Faisons un rêve de Sacha Guitry...), Françoise Sagan, scénariste du Landru de Chabrol, lui offre un rôle en or en 1963, dans La Robe mauve de Valentine. Dominique Delouche, jeune cinéaste, la sollicite pour deux films, Vingt-quatre heures de la vie d'une femme (1968), un film que Max Ophüls voulait déjà tourner avec elle et Divine (1975), une comédie musicale. Elle fit aussi un tour de chant en 1967. À partir des années 1970, Danielle Darrieux partage équitablement sa carrière entre théâtre, télévision et cinéma. Une de ses fiertés théâtrales est d'avoir joué et chanté en anglais à Broadway en 1970, dans la comédie musicale Coco interprétant le rôle de Coco Chanel qui avait été joué auparavant par son idole Katharine Hepburn. La critique new-yorkaise salua sa performance. « Je reprenais le rôle de Coco Chanel, que Katharine Hepburn, mon idole, avait tenu durant sept mois [...] C'est la seule personne à qui j'ai demandé un autographe. Je l'adorais. À mes yeux, il n'y avait personne de plus talentueux qu'elle. Dès mon arrivée à New York, elle a été adorable. Elle m'a emmenée dîner chez elle et m'a offert deux tailleurs Chanel. « Je ne m'habille jamais comme ça », m'a-t-elle expliqué. « Moi non plus ! », lui ai-je répondu. On était parfaites pour ce rôle toutes les deux ! » À Demy, en 1982, elle a précisé : « Je suis un instrument, il faut savoir jouer de moi, alors on sait en jouer ou on ne sait pas. » « Un instrument, oui, rétorquera Demy, mais un Stradivarius35. ». Jacques Demy reprend alors le projet d'un film abandonné sept ans plus tôt, Une chambre en ville. Apprenant cela, Danielle Darrieux contacte le réalisateur, démarche qu'elle n'avait jamais entreprise pour aucun film, en espérant interpréter la baronne Margot Langlois, rôle prévu auparavant pour Simone Signoret. Demy, qui s'était toujours promis de retrouver l'actrice, n'osait pas la solliciter pour incarner le rôle d'une alcoolique. Danielle Darrieux effectue son retour pour ce film, un drame social entièrement chanté (seule elle et Fabienne Guyon chantent avec leur propre voix), succès critique mais échec public. Paul Vecchiali la dirige dans En haut des marches (1983). Elle y incarne le premier rôle d'une institutrice, très proche de la propre mère du cinéaste, qui revient à Toulon quinze ans après la guerre et affronte les souvenirs liés à la mort de son mari, accusé de collaboration et assassiné à la Libération. Elle y chante trois chansons. Danielle Darrieux avait déjà fait une apparition dans son premier film Les Petits drames et le retrouvera plus tard dans un téléfilm de 1988 avec Annie Girardot, Le Front dans les nuages. André Téchiné, après un projet avorté Les Mots pour le dire, parvient à réunir Catherine Deneuve et Danielle Darrieux dans Le Lieu du crime (1986). Par la suite, Benoît Jacquot lui donne le rôle d'une vieille excentrique qui veut venger la mort de son amie dans Corps et biens, Claude Sautet la hisse en directrice d'une chaîne de magasins, mère de Daniel Auteuil dans Quelques jours avec moi, elle retrouve deux amies complices de toujours, Micheline Presle et Paulette Dubost, dans Le Jour des rois. Danielle Darrieux redouble d'activité dans les années 2000, outre le succès au théâtre avec Oscar et la Dame rose, François Ozon lui fait tourner son 106e film, qui marque ses soixante-dix ans de carrière, et en fait l'une des suspectes de Huit Femmes. Mère de Catherine Deneuve pour la troisième fois, elle y chante le poème d'Aragon mis en musique par Georges Brassens, Il n'y a pas d'amour heureux. En 2006, Danielle Darrieux joue un premier rôle dans Nouvelle chance d'Anne Fontaine aux côtés d'Arielle Dombasle et à 90 ans elle est la victime du film L'Heure zéro adaptation d'un roman d'Agatha Christie. En 2007, elle donne sa voix à la grand-mère de Marjane dans le film d'animation Persepolis. En 2008, elle prévoit de remonter une dernière fois sur scène pour jouer La Maison du lac au côté de Jean Piat mais une chute lors des dernières répétitions l'amène à renoncer à ce projet. En 2009, à 92 ans, elle accepte de tourner dans le nouveau film de Denys Granier-Deferre intitulé Une pièce montée aux côtés de Jean-Pierre Marielle. Danielle Darrieux entre dans le cercle des actrices centenaires le 1er mai 2017, rejoignant Renée Simonot (mère de Catherine Deneuve, née en 1911), Gisèle Casadesus (1914-2017) et Olivia de Havilland (née en 1916). Aveugle, un peu diminuée mais en bonne santé36, l'actrice meurt le 17 octobre 2017 à 13 heures à son domicile de Bois-le-Roi (Eure), à l'âge de 10 ans. Ses obsèques ont lieu en l'église Saint-Jean-Baptiste de cette commune le 25 octobre 2017, en présence notamment de Dominique Lavanant. Elle est inhumée dans le cimetière de Marnes-la-Coquette. En 1935, Danielle Darrieux épouse le cinéaste Henri Decoin (mort en 1969). Ils divorcent en 1941. Le 18 septembre 1942, elle épouse à la mairie de Vichy Porfirio Rubirosa, un diplomate dominicain (mort en 1965), rencontré à l'hôtel de Lamballe. Cette noce célébrée dans la discrétion dans la capitale du régime de Pétain continue de porter son lot d'ambiguïtés que l'actrice a toute sa vie durant réfuté. Le couple s'installe en résidence surveillée à Megève, en Haute-Savoie, jusqu'à la fin de la guerre et divorce en 1947. Le 1er juin 1948, elle épouse le scénariste Georges Mitsinkidès (mort en 1991). Ils adoptent un garçon, Mathieu. Celui-ci meurt en 1997 à l'âge de 40 ans. Mathieu était marié depuis 1985 à Sylvie Poiret, la fille de Jean Poiret et de l'écrivaine Françoise Dorin. Ensemble, ils ont eu deux enfants Thomas et Julien. Vers 1994, elle rencontre Jacques Jenvrin, de vingt ans son cadet. Elle vit avec lui entre une villa de Larmor-Baden (Morbihan) et une maison de Bois-le-Roi (Eure). « Récemment, Bruel l'a conviée à participer à son album de reprises. Ce garçon a bonne mémoire : l'hirondelle Darrieux, qui fit le printemps du cinéma français ne charma pas que la pellicule, mais aussi la bande-son. C'est qu'à l'époque, peu après les débuts balbutiants du cinéma parlant, la chanson y allait de soi. Et la jeune Bordelaise, fille d'une pianiste et chanteuse, elle-même pianiste et violoncelliste, orna de son timbre ailé bien des scénarios plus ou moins mémorables. Ses toutes premières chansons filmiques étaient signées de l'auteur des insubmersibles Gars de la Marine. Mais l'actrice dut attendre 1941 pour connaître son premier « tube » : ce swinguant Premier Rendez-vous, tiré du film éponyme, qui a gardé toute sa fraîcheur. (...) La « drôle de gosse » devenue grande dame du cinéma français y laisse l'empreinte, visuelle et vocale, d'un charme éblouissant. » Anne-Marie Paquotte à propos de reprises de chansons sur CD : Danielle Darrieux - Intégrale 1931-1951 (56 titres sur 2 CD - Fremeaux & Associés). Danielle Darrieux est commandeur de la Légion d'honneur (9 avril 2004) et officier de l'ordre des Arts et des Lettres. Elle a reçu en 1955, 1957 et 1958 la Victoire de la meilleure comédienne du cinéma français. Elle est également lauréate d'un César d'honneur reçu en 1985, d'un Molière d'honneur décerné en 1997 et en 2003 d'un Molière de la meilleure comédienne dans Oscar et la Dame rose ainsi qu'un Sept d'or en 1995 comme meilleure comédienne pour Jalna et un Globe de Cristal d'honneur en 2010.Un hommage lui a été rendu à la Cinémathèque française à Paris du 7 janvier au 2 mars 2009, avec une programmation spéciale de plus de 90 films de sa filmographie. Un autre hommage lui a été rendu par Michel Drucker dans l'émission Vivement dimanche enregistrée le 24 février 2010, au cours de laquelle elle était entourée d'amis tels que Paulette Dubost et Charles Aznavour. Dans le film Inglourious Basterds de Quentin Tarantino, Danielle Darrieux est évoquée, lors d'un dialogue entre le projectionniste et la jeune femme dans la cabine de projection, lors de la préparation de l'attentat contre Hitler.

Danielle un astre

Chaque quadrant est une combinaison des quatre hémisphères de votre thème et correspond à une typologie de caractère. L'hémisphère Sud - le haut de votre thème, autour du Milieu du Ciel - est associé aux valeurs d'extraversion, d'action et à la vie publique, alors que le Nord favorise l'introversion, la réflexion et la vie privée. L'hémisphère Est - la partie gauche, autour de l'Ascendant - est lié au moi et à la volonté, alors que l'Ouest privilégie l'influence des autres et la souplesse dans la prise de décision. Danielle Darrieux, le quadrant Nord-Ouest, nocturne, constitué des maisons 4 5 et 6, prédomine chez vous : il s'agit d'un secteur qui privilégie la création, la conception et l'approfondissement ou l'apprentissage dans un souci de service à autrui, en faisant la belle part au relationnel. Vous avez besoin des autres pour fonctionner, même si vous êtes assez peu expansive : vous créez, innovez, pensez, et cela vous importe davantage que tout le reste car cette expression de vous-même vous enrichit et vous suffit à elle-même. Danielle Darrieux, voici les diagrammes de vos éléments et modes dominants, constitué à partir des présences des planètes et angles dans les douze signes :   Avec une majorité d'éléments en signes de Terre, vous êtes, Danielle Darrieux efficace, concrète et sans trop d'états d'âme. Ce qui compte est ce qui se voit, ce qui peut durer : pour vous, on juge l'arbre à ses fruits. Les idées changent, les paroles disparaissent, mais les actes et leurs conséquences sont visibles et restent. A vous de laisser la porte de votre sensibilité ouverte même si votre vulnérabilité doit en pâtir. Emotions, énergie et communication ne doivent pas être négligées, car à quoi bon du concret s'il n'a pas une justification par le cœur, l'enthousiasme ou le mental ?   La prédominance des signes d'Eau est un gage de sensibilité et d'élévation par les sentiments, Danielle Darrieux. Vous fonctionnez par le cœur et par les émotions, et rien de ce que vous faites sur cette terre ne peut se faire sans que vous ne ressentiez - d'ailleurs le mot ressentir est à la base de votre fonctionnement - pleinement une charge affective suffisante. Il vous faut aimer pour comprendre, ressentir pour agir. Au détriment d'une vulnérabilité certaine que vous devriez apprendre à combattre.   L'air est sous-représenté dans votre thème de naissance, avec 5.57% seulement au lieu de 25%, la moyenne. L'Air symbolise les valeurs de communication, d'échanges avec les autres, mais aussi les facultés d'adaptation et de souplesse : vous risquez parfois de réels problèmes d'incompréhension avec les autres si vous ne vous forcez pas à sortir de votre cocon pour parler, pour vous intéresser aux autres, pour vous lier. Vous pouvez aussi, par manque de souplesse ou de refus de vous adapter, vous retrouver un jour brutalement dépassée par les évènements, par la situation. A vous de prendre l'habitude de téléphoner, de discuter, de penser "mobilité, souplesse, adaptation, changement" en toutes circonstances... cela vous mettra très vite à l'abri de tant de désagréments ! Les douze signes du zodiaque sont répartis en trois groupes ou modes, appelés les quadruplicités, nom savant qui signifie simplement que ces trois groupes comprennent quatre signes. Le mode Cardinal, le mode Fixe et le mode Mutable sont plus ou moins représentés dans le thème natal, en fonction de la présence et de l'importance des planètes et des angles dans les douze signes. Le mode Fixe est majoritaire dans votre thème natal, Danielle Darrieux, et vous prédispose au désir de sécurité et de durée : vous savez apprécier concrètement une situation et sa stabilité, et préférez nettement jouer votre rôle loyal de femme tenace, obstinée - attention cependant à ne pas confondre obstination et rigidité ou intransigeance - et rude à la tâche plutôt que de tenter des expériences nouvelles ou vous risquer à changer l'environnement que vous trouvez. Vous solidifiez, structurez, sécurisez tout ce que vous trouvez sur votre passage : c'est votre nature, même si souvent, la rapidité ne vous intéresse pas particulièrement : rien ne sert de courir... Les maisons sont réparties en trois types : les maisons angulaires, succédentes et cadentes. Les premières sont les plus importantes, les plus "typées" et les plus énergétiques. Ce sont les maisons 1, 4, 7 et 10 dont les pointes – ou début – correspondent aux quatre fameux angles : l'Ascendant ou AS pour la maison 1, le Fond du Ciel ou FC pour la maison

4, le Descendant ou DS, en face de l'Ascendant pour la maison 7, et le Milieu du Ciel ou MC pour la maison 10, en face du Fond du Ciel. Les planètes de votre thème natal, valorisées selon une batterie de critères complets intégrant toutes les règles de l'astrologie occidentale, valorisent à leur tour des types de maisons, de la même façon que les signes, les maisons, les répartitions etc. comme précédemment. Les maisons cadentes – le groupe des maisons 3, 6, 9 et 12 – sont les plus importantes dans votre thème natal, Danielle Darrieux. Elles indiquent un potentiel important en termes de communication, d'adaptabilité, de souplesse. Ce sont des maisons qui symboliquement sont reliées à l'intellect, au mental. La faiblesse relative que ces caractéristiques impliquent se traduit quelquefois par un processus d'indécision ou d'hésitation chez vous, mais aussi par une façon de rebondir remarquable et finalement un atout sympathique : vous savez vous sortir de tous les mauvais pas grâce à votre mobilité et à votre légèreté, dans le bon sens du terme. Ce groupe de maisons correspond à des caractéristiques d'évolution de la personnalité. Il ne s'agit ici que d'indications, qui doivent être mises en relation avec les autres significations de votre thème qui peuvent infirmer ou confirmer cela ! N.B. : cette dominante est relativement peu importante. Dominantes : planètes, signes et maisons pour Danielle Darrieux : La question de la dominante est évoquée depuis la nuit des temps en astrologie : comme il serait agréable de définir une personne par quelques mots, par une ou plusieurs planètes qui représenteraient son caractère simplement, sans être obligé d'analyser longuement aspects et maîtrises, aspects et angularité, présence en signes et en maisons ! Les dix planètes - du Soleil à Pluton - sont un peu comme dix personnages d'un jeu de rôle, avec chacun son caractère, son mode d'action, ses atouts et ses faiblesses. Elles représentent en fait une classification en dix personnalités bien distinctes et les astrologues ont depuis toujours - et depuis peu pour les trois dernières planètes, Uranus, Neptune et Pluton - essayé d'associer à un thème astral de naissance une ou plusieurs dominantes planétaires, mais également une ou plusieurs dominantes signes et maisons. En effet, pour les signes et les maisons, c'est un peu la même chose : si les planètes symbolisent des personnages, les signes représentent des teintes, les structures mentales, affectives et physiques d'un sujet. Chaque planète en signe est un peu comme un personnage qui verrait ses caractéristiques modifiées en fonction du lieu où il habite. Dans un thème, il existe ainsi en général un, deux ou trois signes bien valorisés, qui vont permettre de décrire son propriétaire rapidement. Pour les maisons astrologiques, l'idée est encore plus simple : les douze maisons correspondent aux douze domaines de la vie et leur occupation privilégiée par les dix planètes principales, pondérées par les différents critères dont nous venons de parler en introduction, vont les valoriser différemment, et mettre en relief certaines "cases" de la vie : cela peut être le mariage, le travail, la vie amicale etc. Danielle Darrieux, voici votre diagramme de valorisation des planètes : Les trois planètes les mieux représentées dans votre thème sont la Lune, Vénus et Mercure. La Lune fait partie des planètes les plus importantes de votre thème et vous confère une nature réceptive, émotive et imaginative. Vous avez cette possibilité innée de vous imprégner instinctivement des atmosphères, des ambiances, des impressions qui vous nourrissent, souvent pour rêver votre vie plutôt que la vivre. Une des conséquences de cette spontanéité peut parfois se convertir en popularité, voire en célébrité : la foule – entité collective complexe et vivante - apprécie toujours la vérité et la spontanéité plutôt que le calcul et la maîtrise parfaite de soi. En tant que personnage lunaire, il vous est difficile de vous contrôler, vous devez faire avec vos humeurs et vous devez prendre garde de ne pas rester trop passive devant les évènements : rien n'arrive sur un plateau, et si votre sensibilité est riche, plus riche que celle de la plupart des gens, vous vous devez de bouger, de garder une partie de votre énergie pour... l'action ! Avec Vénus faisant partie de vos dominantes, un de vos premiers réflexes est tout simplement de... plaire ! La séduction, le charme et l'apparence – la vôtre – font partie des automatismes de votre comportement. Votre façon de voir les choses passe par le cœur et avec vous, rien ni aucune communication réelle ne sera transmise si une certaine sympathie ou chaleur n'émane de vos interlocuteurs. Pour vous, peu importent les raisonnements froids et logiques, les pensées claires et le bon sens : si en même temps n'existe pas un lien affectif avec votre environnement, rien ne peut se passer avec la Vénusienne que vous êtes, rien ne peut se faire. Vous avez un côté artiste et vous ne négligez jamais dans vos actes et dans votre façon de communiquer des concepts très clairs, bien que subjectifs : le plaisir et la beauté, voire aussi la sensualité, tout cela parfois au détriment de l'efficacité, de la durée, de la logique, et... du détachement. Avec la planète Mercure qui fait partie de vos dominantes planétaires, vous êtes certainement cérébrale, nerveuse, rapide, curieuse, vive et adorez communiquer : votre mode de fonctionnement est mental, d'autant plus que la planète Mercure est importante, et cela avec la somme d'atouts mais aussi de faiblesses que cela peut représenter. Votre sensibilité, vos émotions, les élans de votre cœur, tout cela a tendance à passer après la réflexion, et peut de ce fait vous faire passer aux yeux de votre entourage pour une joueuse habile et pétillante mais sans cœur, intellectualisant les situations et jonglant avec les mots et les idées ou les chiffres sans prendre en compte l'aspect humain des choses. Bien sûr, on dit que le chat retombe toujours sur ses pattes : c'est un peu votre force de Mercurienne et votre joker ! Votre vulnérabilité se situe dans votre nervosité et il peut arriver que vous manquiez le but par cette "mentalisation" trop forte qui peut s'exercer au détriment des autres formes d'énergies indispensables à toute communication : le cœur, l'instinct, la spontanéité, la sensibilité etc. Dans votre thème natal, les trois signes les plus importants - en fonction des critères cités plus haut - sont dans l'ordre Taureau, Vierge et Scorpion. Souvent, ces signes sont importants parce que votre Ascendant ou votre Soleil s'y trouvent. Mais ce n'est pas forcément le cas : un amas de planètes peut s'y trouver, ou une planète proche d'un angle autre que le Milieu du Ciel ou l'Ascendant, quand ce n'est pas tout simplement parce que deux ou trois planètes sont très actives par les nombreux aspects qu'elles font à partir de ces signes. Vous emprunterez ainsi une partie des caractéristiques de ces trois signes, un peu comme une superposition de caractéristiques au reste de votre thème, et cela d'autant plus fort que le signe en question est valorisé. Avec le signe du Taureau si valorisé, vous êtes constructive, stable et sensuelle. Le bon goût, l'amour de la beauté, le savoir-vivre ainsi qu'un bon sens paysan à toute épreuve – au sens noble du terme – font de vous une femme toute en charme et en séduction ; et si d'aucuns critiquent votre rythme un peu lent ou votre côté têtu ou peu souple, vous lui répondez avec raison que votre sécurité est à ce prix, que cela vous plaît comme cela et que rien ne sert de courir... La Vierge, signe du perfectionnement, des chiffres et de la raison, fait partie de vos signes dominants : vous en héritez son sérieux et sa clarté d'esprit, sa logique à toute épreuve, son désir d'être utile et d'aller au bout de votre tâche du mieux que vous pouvez, mais aussi un goût pour l'ordre admirable. Bien sûr, parfois il pourra arriver que l'on vous trouve un peu modeste ou trop réservée, méfiante ou pessimiste par cette sorte d'esprit critique qui a tendance à vous montrer le mauvais côté des choses, mais... être logique et avoir raison, n'est-ce pas une grande qualité ? Si évidemment, et en plus, vous gardez les pieds sur terre, vous ne faites pas de folie, vous êtes appliquée, serviable, que demander de plus franchement ! Le Scorpion fait partie des signes dominants de votre thème et fait de vous une femme toute en force et en perspicacité, compliquée et passionnée, peu tolérante et parfois destructrice, mais volontaire, résistante à tout et d'une audace qui peut quelquefois friser l'agressivité. Tant de qualités et tant de dangers réunis dans une même personne ! Evidemment, tout cela crée vite une sélection naturelle autour de vous : ceux qui vous résistent et vous apprécient ou vous admirent, et ceux qui ne vous supportent plus ! Mais c'est justement ce que vous souhaitez. Vous êtes ce que vous êtes et vous ne vous transformerez pas pour plaire, vous êtes fière, et l'affrontement, vous n'en n'avez jamais eu peur, même si votre façon de combattre est secrète, tout comme l'est votre nature que mystérieusement, vous rechignez toujours à dévoiler même à vos proches, qui d'ailleurs ne vous comprendront pas toujours. Mais cela dit... Quel charme d'enfer vous avez ! Les maisons 6, 10 et 7 sont les plus occupées de votre thème natal, cette occupation étant calculée en pondérant les planètes et angles en fonction de différents critères astrologiques - rapidité, activité, angularité, maîtrises etc. En analysant les maisons les plus occupées, l'astrologue déduit les champs ou domaines d'activité qui vous « concernent » le plus, que ce soit par ce que vous vivez - ou que vous serez un jour amenée à vivre - ou par vos motivations intérieures profondes. Votre maison 6 bien valorisée est l'indice d'un intérêt pour le travail, pour une occupation quotidienne qui vous prend beaucoup de votre temps : en analogie avec la Vierge, cette maison incite au perfectionnement, à l'apprentissage ; quelque part, vous pouvez vous épanouir en vous rendant utile, en vous investissant pleinement dans le cadre de votre travail. Cela peut passer par un environnement humain qui vous intéresse – vos collègues – ou par une passion dans ces occupations quotidiennes par exemple. Le domaine médical ou les animaux de compagnie peuvent jouer un rôle dans votre vie ; ou encore des amours ancillaires par exemple... Du moins c'est une des possibilités signifiées par une maison 6 valorisée. Avec une maison 10 développée, l'accomplissement extérieur de votre destinée a des chances d'être voyante : la maison 10, c'est la carrière, la vie publique, l'extériorisation de vos actes, de vos ambitions. Une bonne partie de votre énergie peut ainsi être utilisée pour réussir concrètement ce que vous avez en tête. Instinctivement, vous aurez à cœur de faire en sorte que vos rêves deviennent réalité, vous vous frotterez tôt ou tard au public, votre épanouissement passera par l'épreuve du feu : les autres, ce qui se voit. Votre maison 7 est l'une des plus importantes de votre thème : c'est la maison d'autrui, du mariage, des associations, des contrats et des partenariats. Votre épanouissement ou peut-être vos problèmes – en fonction du reste de votre thème natal – dépendent en grande partie de vos relations avec les autres dans lesquelles vous avez tendance à beaucoup vous investir. Vous appréciez la communication et vous trouvez naturel de faire avec l'opinion des autres. Réussir passe par l'adhésion de votre entourage avant toute chose, cela vous paraît naturel et évident. Votre mariage est en général au cœur de votre épanouissement. Après ces paragraphes sur les dominantes planétaires, voici maintenant les traits de personnalité de Danielle Darrieux, à lire avec davantage d'attention que les textes précédents car plus spécifiques à l'individu : les textes des dominantes planétaires sont en quelque sorte des éclairages de fond qui ont pour but d'enrichir la description de la personnalité, mais qui restent tout de même assez généraux : ils peuvent amplifier ou au contraire limiter certaines particularités ou facettes du caractère. Un être humain est un tout complexe, et seuls des faisceaux de textes peuvent tenter de réussir le défi de le cerner dans toute sa finesse, ou du moins s'en approcher. La Lune en Vierge et en maison 10 : sa sensibilité : Votre sensibilité Danielle Darrieux semble dominée par la raison et vous avez tendance à vouloir analyser vos réactions émotionnelles dans les moindres détails, comme si vous cherchiez à les mettre à distance pour ne pas être submergée et affaiblie par elles. Inquiète de nature, plutôt timide, vous n'aimez pas vous mettre en avant et manquez souvent de confiance en vous. Vous développez alors un perfectionnisme extrême où tout doit être examiné, organisé et planifié selon une certaine logique. Vous aimez rendre service et vous sentir utile, que ce soit pour la réalisation d'un travail bien fait ou tout simplement par l'apport de conseils judicieux et ingénieux mais vous pouvez aussi vous montrer très exigeante et critique voire même presque devenir insupportable tant vous savez insister et trouver toujours à redire à ce que disent ou font les autres. Apprenez à prendre confiance en vous et ne cherchez donc pas tout le temps la petite bête... Votre carrière ou votre accomplissement professionnel, Danielle Darrieux, sont les domaines où vos émotions vont pouvoir être abondamment canalisées. Souvent populaire, notamment auprès des femmes, vous avez en vous l'instinct de plaire au public et à la foule. Cette popularité est souvent due à votre côté changeant, léger. Mercure en Taureau et en maison 7 : son intellect et sa vie relationnelle Votre esprit est calme et pondéré ; même si vous assimilez lentement les choses, votre mémoire est considérable. Votre jugement est basé sur la réflexion et la raison et s'appuie toujours sur l'expérience. Vous êtes, Danielle Darrieux, une bonne conseillère, quelqu'un sur qui l'on peut compter et à qui l'on peut se confier en toute discrétion. Pleine de bon sens, prudente, méthodique et disciplinée, vous pouvez mener à bien des projets constructifs, d'autant que vous serez souvent très déterminée dans vos opinions et vos actions. Mais une certaine tendance à l'intolérance et aux idées préconçues risque parfois de choquer votre entourage qui aimerait vous voir faire preuve de plus de souplesse au lieu de refuser en bloc tout ce qui n'est pas immédiatement vérifiable. Vous vous exprimez généralement avec beaucoup de charme et cela vous permet certainement de mieux faire accepter à autrui vos habitudes bien établies. La communication avec autrui est votre point fort, Danielle Darrieux : toute votre intelligence va pouvoir être utilisée pour arriver à des accords, compromis, ou contrats. Vous êtes une négociatrice née. Vénus en Taureau et en maison 6, et le Soleil en Taureau : son affectivité, sa façon de séduire. Dans votre thème, le Soleil et Vénus sont tous deux en Taureau. Maîtresse du Taureau si l'on se réfère à l'astrologie traditionnelle, Vénus ne demande qu'à s'épanouir dans ce Signe... en compagnie du Soleil. Vous serez plus que d'autres sensible aux attachements sentimentaux, à l'être qu'on fait sien, qu'on possède autant qu'il nous possède. On attribue volontiers au Taureau l'instinct de conservation, ainsi qu'une relative fidélité - dans ses amours, dans ses haines. Fidèle à vos goûts et répulsions, vous accordez une importance particulière aux relations sensuelles. Tout ne fait pas sens, tout est sens. Sur ce registre, la tradition est explicite : on évoque la volupté, l'érotisme. Bien vécue, cette configuration fait l'épicurien, l'être de désir. Mais au négatif, on condamnera - fermement ou avec indulgence, selon ses convictions - une certaine lubricité ! Plus sérieusement, le duo Soleil-Vénus en Taureau fait passer l'épanouissement avant la découverte, la plénitude d'un amour avant l'étonnement des premiers jours. De là sans doute la stabilité dont on gratifie souvent les natifs de votre Signe. Mais que l'on ne s'y trompe pas : le désir d'intensifier, de retenir et de goûter pleinement la saveur d'une relation vous rend exigeant. En quête d'une hypothétique plénitude, le Taureau insatisfait peut séduire à tout va, longtemps chercher l'être avec lequel bâtir une liaison durable parce que naturelle, harmonieuse parce qu'instinctive. Que de volupté et de charme recèle votre personne, Danielle Darrieux ! Vous êtes ce que l'on appelle une "nature" et lorsque la confiance s'est installée, lentement mais sûrement, vous vous attachez profondément à votre partenaire et vous pouvez ainsi être gagnée par la passion. Cela mettra des mois, voire des années, mais vous êtes si généreuse et si affectueuse que dans la plupart des cas votre relation de couple a des chances de s'épanouir avec le temps. Très physique, très sensuelle, vous avez à cœur de savourer avec délice vos moments intimes et cet aspect de votre relation amoureuse contribue généralement à cimenter le lien existant. Tout cela semble idyllique, Danielle Darrieux et en effet ce serait le cas si parfois, votre jalousie et votre possessivité ne se mettaient pas en marche en même temps que vos sentiments puissants. Mais vous avez déjà beaucoup trop d'atouts, alors soyez satisfaite ! Psychologiquement, vous êtes d'une nature bilieuse constituée de pulsions agressives poussant à la transformation de votre être et, à chaque instant, de la situation dans laquelle vous vous trouvez. Comme s'il s'agissait d'une lutte permanente pour s'affirmer, vous ne pouvez-vous empêcher de sonder l'autre par une pique, non pas par méchanceté mais juste pour mieux le connaître ; la vie et le sentiment d'exister pour vous sont appréhendés par la révolte, la tension, l'impulsion de provoquer pour mieux connaître l'autre par la réaction qu'il aura. Louvoyant avec cette sorte d'attitude agressive ressemblant à une sournoise inquisition, vous êtes souvent étrangement silencieuse introvertie et secrète, ressassant vos pensées tumultueuses au tréfonds de votre esprit, laissant les autres perplexes ou étonnés de ce comportement quelque peu singulier. Née avec la marque de ce signe, vous êtes secrète, puissante, dominatrice, résistante, intuitive, affirmée, charismatique, magnétique, volontaire, audacieuse, perspicace, passionnée, créative, indépendante, vigoureuse, généreuse, loyale, travailleuse, persévérante, indomptable, possessive, rusée, obstinée, ambitieuse, instinctive, tenace, sexuelle, sexy, fière, intense, avez l'esprit de compétition, mais vous pouvez être aussi agressive, destructrice, têtue, angoissée, tyrannique, perverse, sadique, violente, égocentrique, complexe, critique, cruelle, méchante, dure, jalouse, calculatrice, vulnérable ou dissimulatrice. Très travailleuse, résistante, sérieuse, vous allez jusqu'au bout des choses et votre obstination fait plaisir à voir, surtout si ce que vous avez entrepris n'est pas une erreur de votre part, ce qui est rare vue votre immense perspicacité presque médiumnique. En amour, vous êtes Danielle Darrieux tout en passion et en sex-appeal. Très jeune, vous avez compris la puissance d'attraction sexuelle et magnétique que vous véhiculez et que vous exprimez : telle une prédatrice, vous choisissez, agissez, et prenez au filet les hommes que vous souhaitez jusqu'à ce qu'ils ne vous attirent plus. Les seuls qui pourront vraiment vous convenir dans la durée seront ceux qui vous résistent, pour lesquels vous aurez un respect pour le restant de votre vie, ou ceux qui se soumettent sans condition et qui par leur amour inconditionnel pour vous, accepteront de vivre une vie d'enfer parce que dépendante de vous à vos côtés. Vous savez à merveille utiliser votre pouvoir de séduction mais lorsque vous rencontrerez l'âme sœur, si possible aussi forte que vous, alors vous serez la femme d'un seul homme tout au long de votre vie, loyale, possessive mais sentimentale et amante exceptionnelle, courageuse et magnétique dans une relation où l'ennui n'existera pas et où la passion pourra s'exprimer avec toute la violence et la soif d'absolu qui vous anime. Le maître de l'Ascendant, souvent appelé gouverneur du thème, apporte certaines nuances intéressantes aux significations apportées par le Soleil et l'Ascendant. Sa position en signe va moduler le style de personnalité décrit par eux, ou parfois l'amplifier s'il s'agit d'un signe identique à l'un ou l'autre. Le maître de l'Ascendant, Danielle Darrieux, est Pluton. Dans le signe du Cancer, il vous rend perméable aux ambiances et aux impressions, tel un radar émotionnel. Vous pouvez passer ainsi de l'enthousiasme à l'ennui ou au rejet, pour peu que subtilement, vous vous rendiez compte que l'on vous aime ou que l'on vous rejette, même si cela ne correspond pas à la réalité. Le Soleil en Taureau et en maison 6 : sa volonté et ses motivations profondes : La paix, la joie de vivre, la sensualité sont essentielles pour vous : vous êtes une nature simple et calme. Votre bonheur est atteint facilement car loin de tout esprit de compétition, votre décontraction et votre sens pratique vous mènent invariablement là où vous serez heureuse, même si vous n'êtes pas la première, même si vous ne vous êtes pas pressée. L'important est de construire, patiemment, avec opiniâtreté, les efforts durables que vous faites ne pouvant pas être brisés de toute façon par les embûches que vous pouvez rencontrer tant ils sont constants et puissants. Douce, lente à la réflexion, une fois que vous avez décidé de la bonne orientation que vous devez prendre, rien ni personne ne pourra jamais vous faire changer d'avis. Vous avez horreur du changement en général, et une fois que vous avez dû prendre vous-même les quelques rares décisions nécessaires importantes au cours de la vie, vous êtes sur des rails ! Née avec la marque de ce signe, vous êtes fidèle, constante, solide, patiente, endurante, persévérante, forte, attachée, sensuelle, stable, concrète, réaliste, régulière, loyale, robuste, constructive, tenace, avez un besoin important de sécurité, mais vous pouvez aussi parfois être têtue, rigide, possessive, rancunière, matérialiste, figée, statique ou lente. En amour, vous êtes Danielle Darrieux sensuelle, séduisante. Votre appétit de vivre est immense : le Taureau étant le signe le plus féminin, vous êtes la femme-femme, pouvant passer de la maîtresse à l'épouse sans la moindre difficulté, attirée autant par la chair que par la gastronomie et le plaisir de la vie en commun. Vous êtes possessive, jalouse mais si votre compagnon vous apporte l'harmonie que vous revendiquez avec force, vous êtes la compagne idéale du foyer, capable de faire d'une maison un palais, excellente ménagère, cuisinière hors-pair, décoratrice du plus haut talent mêlant avec bonheur plantes luxuriantes, fleurs et mobilier de qualité, transformant votre foyer en lieu de paix, de richesse, d'harmonie et de calme, entourée de vos enfants éclatants de santé. Vous êtes une perfectionniste, Danielle Darrieux, quelqu'un dont le souci permanent demeure de s'améliorer en toutes choses, accumuler des connaissances, devenir utile au meilleur de ses performances et de ses compétences. Le travail pour vous est un domaine important. Mars en Bélier et en maison 5 : sa capacité d'action : Impulsive, impatiente, rapide et énergique vous ? Oui bien sûr, Danielle Darrieux. Vous êtes courageuse et capable d'efforts intenses et très importants sur une courte durée ; et quel rythme ! Que ce soit dans le sport ou bien sur le plan de la sexualité, vous n'êtes pas du genre à réfléchir, vous agissez, un peu "à la hussarde" et instinctivement. Vous parlez avec franchise sans vous soucier de l'opinion de l'autre et surtout sans supporter qu'il ne vous freine ou qu'il ne vous juge. Avec vous, cela passe ou cela casse, ce qui fait que tous vos échanges relationnels ne s'embarrassent pas de diplomatie ou de compromis. Vous êtes trop franche et trop entière pour perdre du temps avec de la finesse ou de la ruse mais c'est ce qui fait votre charme d'un certain côté car avec vous au moins, on sait à quoi s'en tenir. C'est dans la créativité et les loisirs que vous pouvez exprimer au mieux votre capacité d'action, Danielle Darrieux. Il faut qu'il y ait conquête sans contrainte pour que vous puissiez vous donner à fond et sans retenue. Votre chemin de vie est lié au nombre 6, Danielle, ce qui révèle un destin marqué par un vif désir d'amour, de conciliation, d'harmonie. Vous vous sentez portée par un idéal de perfection qui motive les attitudes responsables, le dévouement à un groupe, une famille, la patrie... Votre soif d'équilibre vous fait parfois adopter des attitudes intransigeantes, voire tyranniques, revers de la médaille d'un souci constant d'équité, de justice parfois déçu par la réalité telle qu'elle est. Vous savez montrer un indéniable dévouement à l'égard de vos parents ou conjoint, ce qui est l'indice d'une vie de famille bien équilibrée. Dans ce domaine, votre sens des responsabilités fait de vous un être fiable sur lequel on sait pouvoir compter. Votre équilibre passe par une vie affective harmonieuse et les choix que vous ferez à vous engager dans la bonne direction. A cette condition seulement s'exprimeront pleinement vos qualités : créativité, altruisme, rayonnement personnel... Danielle Darrieux est du signe du Serpent élément Feu : Fruit d'une sagesse millénaire, l'astrologie chinoise incite chacun à prendre conscience du potentiel dont il dispose. Le Sage échappe à ses astres, dit-on. Encore faut-il acquérir cette lucidité, cette distance sans laquelle on s'enferme dans une destinée implacable. Selon la légende du cycle animal, Bouddha, avant de quitter cette Terre, convia tous les animaux à ses adieux. Douze espèces seulement répondirent à son appel. Ce sont les composantes du zodiaque chinois, image des douze voies d'une sagesse toujours actuelle. Pour le Sage oriental, nul sentier n'est bon ou mauvais. Chacun peut et doit développer ses virtualités. La première clé est de bien se comprendre soi-même... En Chine, le serpent est associé à la sagesse. Vous êtes de celles qui ne se laissent pas prendre aux pièges de l'existence et préfèrent mûrement penser leurs décisions. Stable et pondérée, vous tentez de nuancer vos jugements et de penser les problèmes en profondeur. La lucidité est certainement l'une de vos qualités dominantes : il sera difficile de vous mener en bateau, d'autant que vous détestez qu'on manipule vos émotions ! Ceux ou celles qui tentent de faire échouer vos desseins s'exposent à votre vengeance implacable. Le serpent a du sang froid : vous restez maîtresse de vos faits et gestes, même et surtout dans les situations difficiles. Vous serez donc redoutable en cas de crise, calculatrice de talent et particulièrement tenace. Vous vous laissez parfois aller à un certain machiavélisme, forgeant dans l'ombre les comportements de vos proches. L'action en coulisses est votre spécialité. Vous savez garder vos distances en toutes circonstances : c'est là sans doute que réside le charme qu'on s'accorde à vous reconnaître. Vous savez mieux que quiconque obtenir ce que bon vous semble à votre rythme, avec des méthodes qui vous sont propres. Certains appellent cette faculté un don d'envoûter son entourage. Il s'agit en tout cas d'un art indéniable de jouer remarquablement avec les émotions et les affects de votre entourage. L'astrologie chinoise compte cinq éléments nommés agents : le bois, le feu, la terre, le métal et l'eau. Vous êtes en affinité avec l'agent Feu. En Chine, cet élément correspond à la planète Mars, la couleur rouge et le chiffre 7. Le Feu induit dynamisme et chaleur communicative. Vous êtes une femme passionnée, donnant à chaque élément de votre existence une intensité et une tension soutenues. On ne peut que louer votre énergie et remarquer votre présence. Vous comptez parmi les femmes dont on ne dira jamais qu'elles renoncent devant l'obstacle. Au contraire, les défis vous stimulent. Vous vous montrez particulièrement exaltée lorsque survient un élément neuf, un contexte inédit auquel vous frotter. Le risque est évidemment de foncer parfois tête baissée vers un mur de difficulté infranchissable, d'agir de manière impulsive ou irréfléchie. Il importe de tempérer aussi souvent que possible vos élans naturels. Gare aux emportement intempestifs ! Reste une indéniable franchise, un caractère direct et franc qui séduit bien des interlocuteurs.

Le "train de la honte"

C'est l'épisode trouble du passé de Danielle Darrieux. Sa vie durant, elle n'aura cessé de se défendre d'avoir "collaboré" pendant la Seconde guerre mondiale. Deux éléments sont revenus sans cesse hanter sa carrière. En mars 1942 d'abord, elle monte dans un train, surnommé rapidement "le train de la honte", à destination de Berlin pour faire la promotion du film "Premier rendez-vous". Le second élément aura été d'avoir signé plusieurs films auprès de la Continental-Films, une société de production française financée par l'Allemagne nazie. Dans un portrait du Monde en 2009, elle déclare: "On m'a traitée de collabo, j'ai dû me justifier plus de cent fois devant le bureau d'épuration." Le "bureau d'épuration" est mis en place au lendemain de la Libération, pour établir qui a commis des actes de collaboration avec l'ennemi et les punir en conséquence, lors de procès sommaires. Mais, douze ans plus tôt, dans une interview à L'Express en 1997, elle explique pourtant n'avoir pas été vraiment inquiétée.

"J'ai été convoquée par un service d'épuration. Devinez qui ils avaient engagé? Henri Decoin [son ex-mari qui l'avait poussée à travailler pour la Continental]. Il a été tellement surpris de me voir qu'il a immédiatement réglé le problème en haut lieu. C'était soi-disant une formalité... Je suis donc repartie comme j'étais venue et on ne m'a plus jamais rien demandé." "Le Chagrin et la pitié":

Danielle Darrieux a commencé à réellement souffrir de cette étiquette en 1971. Cette année, est diffusé sur les écrans "Le chagrin et la pitié" de Marcel Ophüls. Le film vient casser l'image d'une France résistante et décrit les faits de collaboration des Français. Pour les illustrer, le fils de Max Ophüls choisit de diffuser, entre autres, des archives d'actualités montrant le fameux "train de la honte ». Dans son livre "Danielle Darrieux, une femme moderne", Clara Laurent raconte: "La voix du journaliste de l'époque commente ainsi les images prises à la gare, sur le quai: 'Sous le signe de l'art, des vedettes de l'écran s'apprêtent à partir pour l'Allemagne. À la gare de l'Est, on reconnaît Albert Préjean, Danielle Darrieux, Suzy Delair, Junie Astor, Viviane Romance. Répondant à l'invitation du docteur Karl Frölich, président de la corporation des cinémas allemands, ces artistes seront pendant douze jours les hôtes de leurs camarades des studios de Vienne, Munich et Berlin.' À peine trente secondes d'actualités dont la portée fut considérable pour la réputation de Danielle Darrieux."

"Le Chagrin et la pitié" connaît un succès retentissant, qui dépasse les frontières hexagonales. "Ce voyage à Berlin (...) représente dès lors un symbole de l'ignoble collaboration du monde du spectacle français", commente Clara Laurent. "L'autorité du Chagrin et de la pitié" reste tellement puissante, continue le biographe, que ce grief porté contre l'actrice perdure encore aujourd'hui malgré les explications données à plusieurs reprises par Danielle Darrieux sur les circonstances de son voyage de mars 1942." Le succès : Remontons en 1941, afin de retracer l'histoire de ce "train de la honte". Cette année-là, l'actrice est séparée du réalisateur Henri Decoin qui l'a mise en lumière dans des comédies ("Le domino vert", "J'aime toutes les femmes"...) et des drames ("Abus de confiance" et "Retour à l'aube"). Elle a déjà de nombreux films à son actif et se voit arroger le surnom de "fiancée de Paris". Son début de carrière commence sur les chapeaux de roue. L'Occupation ne met pas un terme à ses activités, comme pour de très nombreux artistes, tels Charles Trenet, Edith Piaf ou Jean Marais. Poussée par Henri Decoin, elle se fait embaucher par la Continental-Films, une société de production française financée par l'Allemagne pendant l'Occupation. Elle jouera dans plusieurs films, dont "Premier rendez-vous", réalisé par son ex-mari Henri Decoin, et qui remportera un franc succès. Le coup de foudre : À la même époque, elle rencontre Porfirio Rubirosa, ambassadeur de la Dominique en France. Le coup de foudre avec "Rubi" est immédiat. Elle déclare à L'Express, en 1997:

"J'étais follement amoureuse d'un diplomate étranger, un play-boy merveilleux qui s'appelait Porfirio Rubirosa. Demandez aux autres filles qui l'ont connu, elles vous répondront toutes qu'il était le charme incarné. C'était un homme courageux, adorable et qui possédait un grand cœur." Mais l'idylle est percutée en plein vol. Le gouvernement de Vichy ne supporte plus son comportement irascible et provocateur. Il n'hésite pas à clamer haut et fort détester les Allemands. Il est inculpé d'espionnage antiallemand, arrêté et enfermé à Bad Nauhem au nord de Francfort. Danielle Darrieux raconte en 1997: "Alors que j'étais en plein tournage, ils l'ont emprisonné (...) dans un camp surveillé pour diplomates étrangers. J'étais folle amoureuse et on m'arrachait l'homme de ma vie, j'étais désespérée..."Quelques semaines plus tard, le directeur de la Continental, Alfred Greven lui demande de participer à un voyage de promotion du film "Premier rendez-vous" à Berlin. "Comme je refusais, explique-t-elle, il a commencé à me faire un chantage monstrueux, me conseillant de ne pas oublier que ma mère vivait à Paris et qu'il pouvait très bien lui arriver quelque chose." Contrainte et forcée, elle accepte, mais à la seule condition qu'elle puisse voir son fiancé. Le deal est posé. Elle obtient un laissez-passer pour rejoindre Rubirosa à Bad Nauhem. "Je suis restée huit jours à ses côtés, se rappelle-t-elle, et, de retour à Paris, les rumeurs ont commencé. Les gens murmuraient dans mon dos. Ils disaient: 'Quelle horreur! Danielle Darrieux est dans la collaboration.' Mon Dieu! Ils ne savaient rien ! Je n'étais qu'une femme amoureuse. Quand il est revenu, nous sommes partis en zone libre, avant d'être installés à Mégève en résidence surveillée. Nous n'avions pas le droit de sortir. C'était une période douloureuse. Des hommes et des femmes disparaissaient et on ne savait pas encore qu'ils étaient déportés... Mais j'étais avec l'homme que j'aimais alors... J'aurais fait n'importe quoi pour le sauver." Le mariage : Après avoir obtenu sa libération, Danielle Darrieux se marie avec Rubirosa en octobre 1942 à Vichy. À cette époque, la sous-préfecture de l'Allier accueille le gouvernement de Laval et Pétain. Mais Danielle Darrieux se défend: "Cela ne signifiait rien pour moi. Vichy était une mairie comme une autre". Quelques mois plus tôt, le gouvernement avait organisé la rafle du Vel d'Hiv. Une fois installée à Mégève, Danielle Darrieux rompt son contrat avec la Continental et ne tournera aucun autre film pendant l'Occupation. Les pontes de la société toquent à sa porte avec insistance pour qu'elle reprenne les chemins des studios. Mais elle résiste à Alfred Greven, le directeur. En rétorsion, il interdit à la presse de publier le nom ou les photos de l'actrice.

Mais à la Libération, Danielle Darrieux reprend les tournages et elle fera plusieurs fois la couverture de la revue Ciné monde entre 1946 et 1947. L'actrice s'en sera mieux sortie qu'Arletty qui paya de sa carrière sa relation amoureuse avec un soldat allemand, alors même qu'elle n'avait jamais été embauchée par la Continental. (Huffingtonpost). Cela fait longtemps que nous attendions ce moment. Secrète, discrète, séduisante et romanesque, Danielle Darrieux a toujours fui les interviews. Préférant laisser les films parler pour elle. Tous ses personnages, toutes ses images, toutes ses histoires en ont fait l'une des actrices les plus mythiques de notre cinéma. Star parmi les stars, elle a imposé un style et un ton qui ont traversé les époques et les modes. De Henri Decoin à Max Ophuls, de Jacques Demy à André Téchiné, de Paris à Broadway, d'hier à aujourd'hui, cette femme au destin magnifique a fait rêver des générations de cinéphiles. Rompant enfin le silence, l'inoubliable Madame de... nous a reçus. À cœur ouvert, elle a évoqué sa carrière. Ses amours. Et sa vie... Actuellement, vous êtes en tournée avec Ma petite fille, mon amour, une pièce de Jean-Claude Sussfeld. Qu'est-ce qui vous motive encore après soixante-six ans de carrière ? Danielle Darrieux Le fisc! [Rires] Comme disait Michel Galabru: "Les acteurs ne peuvent jamais s'arrêter..." C'est vrai que parfois, malgré tout l'amour que je porte au théâtre, je pense à quitter la scène. C'est pourtant un privilège, à mon âge, de pouvoir continuer à jouer. C'est toujours le même frisson quand le rideau se lève et le même "ouf" de soulagement quand il se baisse... Jean-Claude Brialy dit que vous avez eu une vie exceptionnelle... Comme tout le monde, j'ai eu une vie à la fois belle, intéressante et tragique... Chaque personne trouve sa propre vie exceptionnelle. Si ma carrière a été aussi formidable, c'est parce que je n'ai jamais voulu en faire une. Je ne me destinais pas à ce métier et je l'exerce encore... C'est finalement ça, le plus drôle !

À quoi rêviez-vous quand le cinéma est venu vous débaucher en 1931 ? Danielle Darrieux Petite fille, je voulais aller soigner les enfants lépreux en Afrique. J'étais très impressionnable. En fait, je ne pensais à rien. Je faisais de mauvaises études. Je travaillais mal le violoncelle et... [elle pointe son doigt vers le portrait peint d'une ravissante adolescente qui tient un violoncelle à la main] vous voyez cette enfant, c'est moi à douze ans et demi... Vous aviez l'air sage... Je m'emmerdais, surtout! Il fallait poser pour ce peintre, qui était un ami de maman, et cela ne m'amusait pas du tout... Bref, un jour, une élève de chant de ma mère l'a informée que des producteurs cherchaient désespérément une gamine de 13 ans pour un film qui s'appelait Le Bal. On était à l'époque des petits prodiges hollywoodiens, genre Shirley Temple... Vos parents avaient-ils un rapport avec le cinéma ? Non, je suis née à Bordeaux mais dès l'âge de 2 ans, j'ai vécu à Paris. Mon père, ophtalmologiste, était mort à la guerre et ma mère donnait des cours de chant. Cependant, l'un comme l'autre, ils aimaient la lecture, le piano... Vous vous souvenez de votre premier jour de tournage ? Non, mais je n'ai pas oublié les essais où je suis partie avec un grand "vieux" monsieur de 40 ans... Il m'a donné un texte et l'histoire a commencé... Cela n'a pas gêné votre mère que vous deveniez actrice si jeune ? Si. Elle s'est posé beaucoup de questions. À l'époque, c'était un peu scandaleux de faire du cinéma. Finalement, j'ai tourné sans trop y croire et, alors que le producteur m'avait prise sous contrat, je suis partie faire une école de dessin. Pendant plus d'un an, on ne m'a rien proposé. J'ai cru que c'était fini, terminé, mais j'avais 14 ans. J'étais en plein âge ingrat et cela m'importait bien peu d'abandonner le cinéma. J'étais une môme...

Avez-vous eu le sentiment que le cinéma vous volait votre jeunesse ? Non, il ne faut pas aller chercher jusque-là. Le cinéma était, avant tout, pour moi, une drôle de récréation. Pour revenir à ce portrait, on peut y lire aussi une certaine mélancolie... Oui. Elle ne m'a jamais quittée... Mais ne croyez-vous pas que tout le monde est mélancolique ? On rit devant les gens, mais on est plein de nostalgie. Surtout à cet âge-là. On est sentimental, romantique... On s'ennuie parce que l'école est rasoir. On ne sait pas ce qu'on va devenir en grandissant. Lorsque je n'étais encore qu'un bébé, ma mère a fait faire mon thème astral. Il faisait apparaître quelque chose de très curieux : j'étais présente dans de nombreux pays en même temps. On avait dit à ma mère : "C'est absolument invraisemblable. On voit son visage un peu partout dans le monde." À quel moment avez-vous senti que votre destin basculait ? C'était mon destin, donc il n'a pas basculé. Il était écrit. N'ayant pas de vocation, je ne peux pas vous dire que j'ai vraiment décidé de ma vie... À vos débuts, le cinéma vous ennuyait. Quand vous êtes-vous prise au jeu ?   Tard. Il m'a fallu quatre ans. En fait, c'est Mayerling, d'Anatole Litvak, qui a tout déclenché. J'avais pourtant déjà joué dans une quinzaine de films, mais l'idée d'avoir Charles Boyer pour partenaire m'éblouissait.   J'ai du mal à croire qu'à 14 ans, ce monde ne vous faisait pas rêver... Je ne réalisais pas... J'adorais aller au cinéma mais, dès que je tournais, la magie s'estompait. Pour tout vous dire, je n'avais même pas remarqué que sur le plateau, il y avait un micro. Je ne l'ai su qu'au bout de trois semaines. Quand je tournais, il me tardait de rentrer à la maison pour voir mon frère, ma sœur, ma mère...

Vous n'avez jamais imaginé que vous alliez devenir une star immense ?   Non. À mes débuts, au bistrot, je tirais la langue à tous ceux qui me regardaient. Je trouvais ça absolument odieux d'être reconnue. J'attendais autre chose de la vie. Je voulais aller à Luna Park, dans les foires... C'est Henri Decoin, mon premier mari, qui m'a ouvert les yeux sur ce métier. Il m'a expliqué que je ne pouvais pas aller me promener partout. Quand il disait : "Danielle, tu es une star...", je lui répondais que c'était un rôle épouvantable à tenir. Il a été formidable, patient...   Il a beaucoup fait pour votre carrière...   Sans lui, je ne serais plus actrice. Henri avait vingt-sept ans de plus que moi. Il était très beau. À 18 ans, j'étais persuadée que lorsqu'on tombait amoureuse d'un homme, il fallait absolument se marier avec lui. Maintenant, toutes ces histoires s'arrangent autrement. Mon père me manquait. C'est pour ça que... Decoin avait cette maturité que je recherchais. Je voulais trouver un papa, un compagnon, un mari. Notre mariage a duré cinq ans durant lesquels il m'a offert quelques-uns de mes plus beaux rôles. Nous sommes restés proches même après notre divorce. Qu'aviez-vous de plus que les autres comédiennes ?

Moi ? [Elle hésite] C'est aux autres qu'il faut demander ça. J'ai été star quelques années, mais il y avait moins d'actrices qu'aujourd'hui... Quand Michèle Morgan a commencé, j'étais déjà là depuis quatre ans. J'ai tout de suite remarqué cette petite divinement belle. Elle avait des yeux ! Après, il y a eu Micheline Presle... C'est parce que nous étions peu nombreuses qu'on nous regardait comme des créatures inatteignables. Quels rapports aviez-vous avec vos "concurrentes" ? Il n'y avait pas de rivalité entre nous. C'est un sentiment que je ne comprends pas. On s'entendait très bien avec Michèle et Micheline. Au début de la guerre, nous étions toutes les trois à Cannes. À l'époque, on se voyait beaucoup. On s'amusait comme des folles. On faisait partie de la même bande. J'avais 23 ans, Michèle en avait 20, Micheline 18... On était vraiment très copines et puis, un jour, Michèle est partie vivre aux États-Unis. J'étais très amie avec Micheline avant que l'on se perde de vue. Vous savez, les amitiés dans ce métier... On s'aime beaucoup, mais on se quitte souvent. On raconte que vous étiez indépendante et éprise de liberté... Oui. Pourtant, je suis une femme plutôt soumise. C'est un mélange de choses... Il faut être libre, mais la liberté a toujours des limites, autrement, c'est la débandade. Indépendance et liberté, ce ne sont que des mots. Il faut bien réfléchir avant de les employer. J'aime avoir la paix. J'aime que l'on ne m'embête pas. J'aime faire ce que je veux. Par contre, si j'avais pu changer le monde... Aller contre la misère. On se sent tellement stupide et impuissant. Je ne supporte plus de voir tous ces gens malheureux autour de moi. On est là, à parler de fric et de politique, mais on est incapables de s'occuper de ceux qui auraient vraiment besoin de nous. Le monde est tellement bizarre. Dans un tel contexte, le rôle des artistes est d'apporter un peu de détente et de bonheur. Les créateurs peuvent peut-être faire évoluer la situation, mais les acteurs ne sont que des interprètes... ...Qui apportent tellement de rêve. Peut-être, mais ils ne sont pas des créateurs. La création, c'est autre chose... C'est l'écriture, la musique, la peinture, qui sont les trois plus beaux métiers du monde. "J'ai toujours été joyeuse" En tournant Mauvaise graine, le premier film de Billy Wilder, aviez-vous pressenti la carrière qu'il allait faire ? Pas du tout ! J'ai vu arriver un beau et gentil garçon blond. Une fois de plus, je n'ai rien analysé. C'est bien longtemps après que j'ai appris quel grand metteur en scène il était devenu. Avant la guerre, vous aviez la réputation d'être légère et frivole, les producteurs disaient : "Danielle Darrieux, c'est du champagne..." Comme je jouais essentiellement dans des comédies légères, on m'a cataloguée comme une petite capricieuse! J'étais gaie et insouciante. Je trouvais la vie formidable... J'ai toujours été joyeuse. À la maison, on n'avait pas un rond, mais c'était une atmosphère d'amour...

Très vite, vous avez tout de même gagné pas mal d'argent... Oui, mais j'ai toujours dépensé l'argent que je gagnais. Il y a donc eu des moments où j'étais riche, et d'autres où je recommençais à travailler parce que je n'avais plus rien. Après tous ces premiers succès, vous n'avez jamais eu la grosse tête ? Ah, ça non! Quand des jeunes disent qu'ils veulent faire ce métier, je leur réponds que la règle n°1 est de ne jamais se prendre au sérieux! On ne me demande pas de conseils, mais c'est mieux comme ça. Je ne suis pas qualifiée pour... C'est dangereux de dire aux gens ce qu'ils doivent faire. Et puis, sincèrement, je dois vous avouer que je ne connais rien à la vie. J'apprends encore tous les jours... À la fin des années 1930, vous êtes partie pour Hollywood, où vous avez signé un contrat avec Universal... Je suis partie en 1937 et je suis revenue en 1938. J'étais pourtant censée y rester cinq ans. J'ai même eu droit à un procès pour rupture de contrat. J'avais ma petite maison dans le parc d'Universal. C'était un ravissant bungalow, mais j'étais incapable de vivre là-bas... En revanche, j'ai aimé aller à Broadway dans les années 1970 pour jouer Coco, une comédie musicale. C'est un souvenir formidable. J'ai mis les pieds sur cette scène alors que personne ne me connaissait. Il y avait des dizaines de girls et de boys autour de moi. Je reprenais le rôle de Coco Chanel, que Katharine Hepburn, mon idole, avait tenu durant sept mois... C'est la seule personne à qui j'ai demandé un autographe. Je l'adorais. À mes yeux, il n'y avait personne de plus talentueux qu'elle. Dès mon arrivée à New York, elle a été adorable. Elle m'a emmenée dîner chez elle et m'a offert deux tailleurs Chanel. "Je ne m'habille jamais comme ça", m'a-t-elle expliqué. "Moi, non plus!", lui ai-je répondu. On était parfaites pour ce rôle toutes les deux! Et qu'a-t-elle pensé de votre interprétation ? Elle n'est jamais venue. Mais cette expérience théâtrale était bien plus passionnante que d'être prisonnière d'un studio hollywoodien, où tout était vraiment trop luxueux. On n'y parlait que de cinéma. Il n'y avait pas un poil de poussière dans cette ville. C'était un univers complètement aseptisé.

Vous avez dû pourtant rencontrer toutes les stars de l'époque... J'en ai croisé effectivement quelques-unes. Il y avait Henry Fonda, que je trouvais sublime, James Stewart, Humphrey Bogart... Ava Gardner était aussi dans le même studio que moi. Elle était fascinante. C'était une femme tellement belle. Elle arrivait le matin à moitié endormie, pas maquillée et là... Moi, c'était une autre affaire. Certains jours, je débarquais de bonne heure et je me trouvais bien moche! Je me souviens d'ailleurs d'un directeur de la MGM qui, en m'entendant râler, m'avait dit : "Une star ne doit jamais dire qu'elle n'est pas jolie. Même quand elle est seule face à son miroir, elle n'a pas le droit de le penser." Vous réalisiez, quand même, que vous étiez très belle... Non, je croisais des femmes tellement mieux que moi... Ce n'est que maintenant que je commence à pouvoir regarder mes anciens films. Avant, j'en étais incapable... Quand je me penche sur toutes ces photos anciennes, je ne me reconnais absolument pas. [Silence] Elle était drôlement mignonne, cette jeune femme qui courait vers la vie. Oui, vous avez raison, elle était bien jolie. Comment avez-vous vécu la guerre ? Dans l'inconscience la plus totale. J'étais follement amoureuse d'un diplomate étranger, un play-boy merveilleux qui s'appelait Porfirio Rubirosa. Demandez aux autres filles qui l'ont connu, elles vous répondront toutes qu'il était le charme incarné. C'était un homme courageux, adorable et qui possédait un grand cœur. De toute façon, je ne me serais jamais attachée à lui, sinon. Dans la vie, il n'y a finalement que l'amour et la gentillesse qui comptent...

On vous a beaucoup reproché d'avoir tourné pour la Continental, la société de production allemande installée à Paris... C'est Henri Decoin qui m'a poussée à signer un contrat avec eux. J'ai fait Premier rendez-vous, Caprice, La fausse maîtresse... Et alors que j'étais en plein tournage, ils ont arrêté Rubirosa et l'ont emprisonné à Baden dans un camp surveillé pour diplomates étrangers. J'étais folle amoureuse et on m'arrachait l'homme de ma vie, j'étais désespérée... Un jour, Monsieur Greven, le directeur de la Continental, vient me voir pour me demander de faire partie, avec d'autres acteurs français, de ce fameux voyage de promotion en Allemagne qui, par la suite, a fait couler tellement d'encre. Comme je refusais d'y participer, il a commencé à me faire un chantage monstrueux, me conseillant de ne pas oublier que ma mère vivait à Paris et qu'il pouvait très bien lui arriver quelque chose... Contrainte et forcée, j'ai accepté, mais à la seule condition que je puisse voir mon fiancé. J'ai donc fait escale à Berlin et, en contrepartie, ils m'ont donné un laissez-passer pour aller rejoindre Rubirosa. Je suis restée huit jours à ses côtés et, de retour à Paris, les rumeurs ont commencé. Les gens murmuraient dans mon dos. Ils disaient : "Quelle horreur! Danielle Darrieux est dans la collaboration." Mon Dieu! Ils ne savaient rien! Je n'étais qu'une femme amoureuse. Quand il est revenu, nous sommes partis en zone libre, avant d'être installés à Megève en résidence surveillée. Nous n'avions pas le droit de sortir. C'était une période douloureuse. Des hommes et des femmes disparaissaient et on ne savait pas encore qu'ils étaient déportés... Mais j'étais avec l'homme que j'aimais alors... J'aurais fait n'importe quoi pour le sauver. On vous a embêtée à la Libération ? Un peu... D'abord sur le mode de la plaisanterie et... à cause de mon contrat avec la Continental, j'ai même été convoquée par un service d'épuration. Devinez qui ils avaient engagé? Henri Decoin, celui qui m'avait poussée à travailler pour eux! Il a été tellement surpris de me voir qu'il a immédiatement réglé le problème en haut lieu. C'était soi-disant une formalité... Je suis donc repartie comme j'étais venue et on ne m'a plus jamais rien demandé. Il s'en est passé des conneries, après la guerre. On a fusillé des innocents. On a persécuté des gens qui n'étaient coupables de rien... Après cette période noire, on a impression que votre jeu a changé, comme s'il avait gagné en profondeur... Au début, je n'aimais pas pleurer au cinéma. J'étais très physique. On m'avait dit qu'à 30 ans, je commencerais à bien jouer. On évolue. On ne joue plus seulement avec les mots et les apparences. On va plus loin avec son cœur... [Silence] Il y avait eu la guerre aussi. Sans forcément m'en rendre compte, j'avais vu et entendu de drôles de choses. C'était dur et pénible... Avec Rubi, on partait en vélo pour aller voir ma mère à Septeuil et, très souvent, sur les routes de campagne, on se jetait dans le fossé à cause des mitraillades. Quand les Allemands ont compris qu'ils avaient perdu la guerre, il a fallu se cacher dans les bois pendant plus d'une semaine, simplement parce que nous avions enterré un aviateur américain de 20 ans, dont l'avion s'était écrasé. Ils nous recherchaient parce que nous n'avions pas voulu que son corps reste sans sépulture... J'avais même fait une petite couronne de fleurs. Ce pauvre môme doit encore dormir dans le petit cimetière de Septeuil. Mais je n'étais pas vraiment consciente du danger. Je pensais que la Terre était une minuscule planète qui se promenait dans le ciel... Quand on voit tout ce qui se passe dessus! Pourra-t-on un jour m'expliquer le sens de tout ça? Finalement, le seul creux de votre carrière est situé juste après la guerre... Oui, on voulait prolonger mon côté jeune écervelée. J'ai tourné des films gentils, mais rien de fabuleux... Jusqu'à Ruy Blas, dont Cocteau avait écrit le scénario... Et encore! Ce n'était pas un rôle pour moi. J'étais jolie, mais je ne jouais pas bien. C'était dur de trouver sa place entre Jean Cocteau et Jean Marais ? Non, je les aimais beaucoup. J'avais une admiration folle pour Cocteau. Il était fascinant. Je suis très amie avec Jeannot, je l'adore, mais quand Cocteau était à un dîner, on était tous béats. Il avait tellement de charme et d'intelligence. C'est à ce moment-là que j'ai rencontré Georges Mitsinkidès, qui allait être mon mari pendant plus de quarante ans... Avez-vous pensé, certaines fois, à arrêter le cinéma ?

Oui. Avec Georges, on voulait avoir une grande ferme de 300 hectares pour devenir paysans. On partait visiter des exploitations, mais Georges ne me trouvait pas très sérieuse quand je courais embrasser tous les veaux... Les pauvres bêtes étaient couvertes de rouge à lèvres ! [Rires] J'acceptais de vivre comme une fermière, mais je ne voulais pas qu'on vende un seul de ces animaux à la boucherie. Nous étions à l'image de ces citadins qui veulent absolument vivre en communion avec la nature. C'est ma rencontre avec Max Ophuls qui a tout bouleversé... Dès La Ronde, il y a eu un coup de foudre artistique entre lui et moi. Je crois au miracle des gens qui se croisent. À cette vibration, pas forcément physique, qui peut exister entre deux personnes. Il y a des adorations qui résistent à l'usure du temps, des amis dont on ne peut plus jamais se passer. C'est curieux, mais il y avait entre nous une osmose cinématographique. Il n'avait pas besoin de parler pour que je le comprenne. Quand il est mort, je me suis demandé comment j'allais faire pour jouer. J'étais perdue. Vous pensez à quoi quand vous revoyez, aujourd'hui, Madame de... J'adore ce film. C'est même le seul que je regarde avec un vrai plaisir. Je devais être terriblement amoureuse pour dégager de telles ondes. Amoureuse de Max Ophuls, de Charles Boyer, que je retrouvais dix-huit ans après Mayerling, et de Vittorio De Sica, qui avait un charme fou. J'étais au milieu de ces trois hommes sublimes, comme dans un rêve. D'ailleurs, à l'écran, on voit bien que je suis sur un nuage... Il y a eu un miracle. C'est peut-être aussi parce que c'était mon dernier film avec Ophuls. En tout cas, Madame de... restera "mon" film. Celui grâce auquel on ne m'oubliera pas tout à fait... Vous n'avez pas été vexée qu'Ophuls, parce que les producteurs ne vous trouvaient pas assez sexy, ne vous choisisse pas pour Lola Montès ? Non. Mais Ophuls, lui, était profondément malheureux. Il ne voulait rien tourner sans moi. Le cinéma appartenait aux distributeurs et ils avaient décidé que le rôle irait à Martine Carole, la star de l'époque. Elle avait fait des films un peu coquins. Elle plaisait. L'accueil de Lola Montès a été terrible... Quelle injustice! Comment expliquez-vous que tous ses chefs-d'œuvre n'aient pas eu de succès ? On ne reconnaissait pas encore son talent. Quand, après sa mort, Les Cahiers du Cinéma sont venus me voir pour lui rendre hommage, je leur ai dit que s'ils l'avaient aimé de son vivant, Ophuls serait peut-être toujours en vie. On l'a bousillé alors qu'il avait un talent fou. Je ne sais pas ce qu'on lui reprochait, car je n'ai jamais lu aucune critique de ma vie! C'était un grand seigneur. Il fumait des gros cigares. Il était la joie de vivre incarnée. Il riait pour cacher ses peines... Vous vous êtes battue pour jouer, en 1951, dans L'affaire Cicéron ? Je ne me suis jamais battue pour avoir un rôle. Monsieur Mankiewicz m'a demandée et je l'ai rencontré. C'était un grand et James Mason était extraordinaire. Après, je suis revenue à Paris pour retrouver Henri Decoin. Il a dû m'imposer pour que je joue dans La vérité sur Bébé Donge. Les producteurs pensaient que je n'étais pas faite pour un rôle aussi sombre. C'est un beau film et je rencontrais, pour la première fois, Jean Gabin...

J'aime quand votre personnage dit : "Personne ne touchera à mon bonheur." J'aurais pu le dire dans la vie et je peux encore le dire aujourd'hui. Ce n'est pas un crime d'être heureux. Au cinéma, on ne montre pas assez le bonheur. C'est un sentiment qui, lorsqu'il est à l'écran, me fait pleurer. Il y a quelque chose de démesuré dans la joie. Et Gabin ? C'était un bon copain. Il avait très peur des gens qu'il ne connaissait pas. C'est pour ça qu'il s'entourait toujours des mêmes. C'était un vrai timide. Je m'entendais bien avec lui, car nous avions le même caractère. On a dit que, l'un comme l'autre, vous symbolisiez la frivolité des années 1930 et la gravité des années 1950... C'est vrai. Je l'ai revu en 1976, sur L'Année sainte, son dernier film. Il m'appelait "Cocotte". On allait déjeuner ensemble aux studios de Billancourt. Je lui faisais promettre de ne pas boire de vin blanc mais dès qu'il voyait passer une bouteille, c'était plus fort que lui, il s'en emparait. "On s'en fait une petite demie !", me disait-il. Je lui répondais : "Tu vois comme tu es !" Gabin aimait ça. Il était gourmand. Il ne fallait pas trop le bouger. Depuis quelques années, il jouait les vieillards avant même d'en être un. Il faisait semblant de se lever difficilement. Je le taquinais. Je me moquais de lui en le traitant d'octogénaire. En fait, il jouait les vieux fatigués pour avoir la paix. Il était un peu blasé, mais toujours intéressé par le cinéma. Il ne quittait jamais le plateau. [Silence] Je me souviens aussi de ce jour où, désœuvré, à la cantine, il a regardé autour de lui et m'a lancé d'un ton navré : "Tu reconnais quelqu'un ici, Cocotte ? Moi, personne !"

Il y a une certaine parenté entre Bébé Donge et le personnage de Catherine Deneuve dans Le Lieu du crime... C'est exactement ça... Elle est drôlement bien, Catherine. Elle a joliment dit que j'étais la seule actrice qui lui permettait de ne pas avoir peur de vieillir. C'est une fille bien. Elle a un naturel et une sensibilité qui ressortent même quand elle sourit. Je l'aime beaucoup. Quelle évolution depuis ses débuts! Avant de nous retrouver pour Les Demoiselles de Rochefort et Le Lieu du crime, nous avions tourné, en 1960 L'Homme à femmes. Elle avait des cheveux courts châtains. Elle était toute mignonne et douée. Ophuls l'aurait aimée. D'ailleurs, son Ophuls, c'est Téchiné. Il lui a apporté une profondeur supplémentaire.   Dans un Paris-Match où vous faisiez la couverture pour la sortie du Rouge et le noir d'Autant-Lara, le journaliste écrivait : "Pendant vingt-trois ans, Danielle Darrieux a été fantasque, saugrenue, infidèle et capricieuse..."   C'est drôle. Tout ça parce que je me suis mariée trois fois. Si mes deux premiers maris avaient simplement été mes amants, on n'aurait rien dit!   Gérard

Philipe n'avait pas très envie de faire Le rouge et le noir Il se trouvait trop vieux pour le rôle... Je m'étais bien entendue avec lui. Il n'était pas du genre à vous serrer sur son cœur toute la journée. C'était un être pudique et lunatique. Il avait un tel charme, et quel acteur! Il avait un rayonnement insensé. Peut-être qu'inconsciemment, il prévoyait cette mort si brutale... Madame de Rénal est le premier personnage de femme un peu mûre que vous ayez incarné... Et alors? Cela ne m'a jamais fait peur. Il est normal de suivre les chemins de son âge. La chance de notre métier est de pouvoir l'exercer tard. À condition de jouer des rôles de son âge... Vous n'avez jamais eu peur de vieillir ? Non. Bien sûr que je ne peux plus être la star d'un film, mais il y a encore des rôles merveilleux à tenir, notamment au théâtre... Mon mari disait toujours : "L'inévitable n'a pas d'importance." Alors, pourquoi se rendre malade avec les premières rides, les scénarios qui n'arrivent plus à la même cadence? On me parle souvent de mon équilibre personnel, mais on ne devine pas à quel prix il s'est maintenu. Il suffit parfois d'un souffle pour que l'édifice s'écroule. Vous verrez... Vous verrez... La vie n'est pas facile. Pour faire du cinéma, il faut être costaud dans sa tête. Je suis Taureau, je résiste... [Silence] Je n'aime pas la solitude et, pourtant, je suis obligée de vivre seule. J'ai des amis qui m'entourent. J'ai le public... Tous ces gens qui me connaissent depuis si longtemps...

Comment avez-vous vécu l'arrivée de la Nouvelle Vague, qui a remis en question beaucoup de vos films ? Elle était nécessaire. Truffaut, Godard, Chabrol, c'était merveilleux. Et aujourd'hui, vous ne croyez pas qu'il y a une nouvelle vague, avec toute la bande de Jean-Pierre Bacri? Je rêve de tourner avec ces gens-là... J'en parle à mon agent. Je lui demande de faire passer le message. Je foncerais tête baissée. Je suis en admiration devant Un air de famille, Didier... Je vais beaucoup au cinéma. Gazon maudit, Western, c'est formidable! J'adore aussi Valérie Lemercier. Qu'est-ce qu'elle est drôle! Elle a un tel humour. Elle est intelligente et, en même temps, on sent bien qu'elle est gentille. Les acteurs d'aujourd'hui ont tout compris. Ils sont naturels... Regardez Les Deschiens. Ils sont plus proches de moi que toutes les bourgeoises que j'ai incarnées. J'ai l'impression de leur appartenir! On est là pour s'amuser. Je suis très loin de toutes ces valeurs conventionnelles ou...   ...De cette baronne que vous avez jouée dans Une chambre en ville...   C'est la seule fois où j'ai demandé un rôle à un metteur en scène. Jacques Demy avait écrit pour Signoret et n'osait pas m'appeler, parce que c'était un personnage d'ivrogne. Je trouvais ça drôle de jouer cette baronne déglinguée. En tournant avec Paul Vecchiali, André Téchiné, Benoît Jacquot ou Claude Sautet, vous avez gardé le contact avec les réalisateurs des autres générations.   Oui, mais pour Quelques jours avec moi, j'étais intimidée de rencontrer Sautet. Je n'étais plus très jeune et pourtant, j'avais le trac. C'est un beau garçon, extrêmement bien élevé, avec une douceur autoritaire. Il a fait de si beaux films. C'est vrai qu'avant que ces cinéastes ne fassent appel à moi, j'avais peur d'être vouée à un cinéma bourgeois ou cucul la praline. N'avez-vous jamais pensé vous éclipser de ce métier, à la manière de Garbo ?   Je n'ai jamais eu les moyens de le faire... Il faut pouvoir vivre. En 1962, je voulais tout lâcher pour aller faire de l'huile d'olive et du vin. C'est alors que Françoise Sagan est arrivée avec une pièce magnifique, La

Robe mauve de Valentine. Le plaisir de jouer finit donc toujours par l'emporter. On dit aussi que vous étiez très utopiste... Je le suis toujours. Je suis une paysanne. J'aime la campagne. J'y ai vécu pendant plus de quarante ans avec Georges Mitsinkidès. Je ne pensais pas qu'un jour, je pourrais revivre à Paris et pourtant à sa mort, en 1993, j'ai dû quitter les arbres et la nature... Vos plus beaux rôles sont ceux de femmes qui se perdent par amour... Oui. Et c'est sûrement pour ça que je les ai choisis... C'est beau de se perdre par amour. Si l'amour n'existait pas, que deviendrions-nous? Êtes-vous consciente de la place que vous occupez pour les cinéphiles? C'est dû à la longévité de ma carrière. Cela m'épate toujours d'être encore là... On a du mal à imaginer qu'on vous ait attribué, vers 1940, deux Prix Citron pour mauvaise collaboration avec la presse!

J'étais terrible. Je détestais les journalistes. Ils écrivaient tellement de conneries! Que penserait la jeune fille du portrait si elle pouvait vous parler? [Elle se retourne vers le tableau] Elle me regarde avec un air toujours aussi étonné et sérieux. Un peu sévère même... Elle me dit : "Est-ce que tu as bien fait ta vie? Est-ce que tu as bien réussi? Est-ce que tu es contente?... Tu es devenue actrice, mais peut-être que tu n'aurais pas voulu faire ça..." Oui, peut-être que c'est ça, le secret. Peut-être pense-t-elle que je n'aurais pas dû faire ce métier... Mais vous avez réussi votre vie... Oui, ma vie artistique. Mais quand ceux que vous aimiez vous ont quitté, que reste-t-il? Lorsque je suis trop triste, je fais comme Max Ophuls: je ris pour cacher mes peines. Il ne faut pas embêter les gens avec ses douleurs. En quatre ans, j'ai perdu mon mari, mon fils unique, ma sœur et mon frère, alors... Je ne suis pas pratiquante. Je ne crois pas en quelqu'un et, pourtant, je sais qu'il y a autre chose qui nous attend et qui nous dépasse... On n'est pas là, planté sur terre comme un simple bout de viande, à attendre que la mort vienne nous chercher. Où irait tout cet amour entre les êtres? Que deviendraient tous ces échanges dont nous sommes les témoins? Savez-vous qu'après une guerre, il naît toujours plus d'hommes que de femmes? C'est étrange, mais la nature est bien faite. Tout cela donne de l'espoir. [Silence] La mort me fait moins peur aujourd'hui qu'hier... La mort, c'est surtout perdre ceux qu'on aime.   Qu'avez-vous ressenti en recevant, en mai dernier, un Molière d'honneur ?   C'était mignon. Cela m'a émue de voir la salle debout. Plus jeune, je ne me rendais pas compte que les comédiens formaient une grande famille. Je ne savais pas non plus que le public suivait le même chemin que moi. Petite, cela m'ennuyait, tous ces gens qui me demandaient des autographes. Maintenant, ça me bouleverse. Je me rends compte que depuis mes débuts, nous vivons ensemble sans vivre ensemble. Il y a un attachement, comme ça, à travers le temps, qui s'est créé... . L'express.

?

Pas si légère

Tourner, tourner beaucoup pour devenir vedette et avoir mon nom en gros sur les affiches. Si je parviens au titre de grande star, cela prouvera que j'ai bien servi le cinéma." Ainsi s'exprimait en 1931, à la sortie de son premier film,

Le Bal, une jeune Bordelaise de 14 ans. La suite va au-delà de ses espérances. La Cinémathèque française, à Paris, fête les 92 ans de Danielle Darrieux en programmant 97 de ses films. Une longévité exceptionnelle d'autant que l'actrice tourne encore. Danielle Darrieux incarne d'abord l'insouciance des années 1930. Espiègle et romantique, elle "devient star en inventant l'antistar, dit le cinéaste Paul Vecchiali. Jouant n'importe quoi, jamais n'importe comment, chantant, riant, pleurant, hurlant de sa manière à elle, désormais inimitable. Gamine apparemment écervelée ; jolie, avec des pointes d'émotion qu'elle communique sans le moindre pathos." Ingénue, dit-on. Elle précise : "Je suis une actrice légère, je ne suis pas une femme légère." Ou encore : "Je n'étais qu'une jeune fille alors que les autres jouaient déjà à la vamp." Elle devient la petite fiancée des Français : une façon d'"incarner le rêve de façon unique, dit encore Vecchiali. Elle met l'inaccessible à la portée de chacun". Sa faculté à teinter ses rôles les plus dramatiques - comme elle distille une discrète gravité dans ses personnages exubérants - fera d'elle une grande dame. Sa malice et son ironie resurgiront en 1949 dans Occupe-toi d'Amélie, alors qu'on la croit finie. Car l'Occupation a failli lui être fatale. En contrat avec la Continental, société de production allemande installée à Paris et dépendante du ministère de la propagande de Goebbels, elle se prodigue, dit-on, en cocktails et galas à l'ombre de la croix gammée, jusqu'à participer au fameux voyage à Berlin, en 1942, qui jettera une ombre sur la biographie de tous les acteurs qui en furent : Albert Préjean, Suzy Delair ou Viviane Romance.
De cette affaire elle s'est expliquée. Divorcée du cinéaste Henri Decoin, en 1941, elle se remarie l'année suivante

avec l'ambassadeur de la République dominicaine en France, Porfirio Rubirosa. Mais ce dernier, soupçonné d'espionnage, est vite interné en Allemagne. Danielle Darrieux dit alors qu'elle a signé un contrat avec la Continental parce que Alfred Greven, le patron de la firme, menace d'exercer des représailles à l'encontre de son mari. Elle a aussi dit ne pas avoir "une idée bien précise" de ce qu'était la Continental. Le voyage à Berlin était, selon elle, le moyen de voir son mari mais son attitude aurait été si négative qu'elle fut placée en résidence surveillée à Megève, avec interdiction de tourner. Evadée avant la fin de la guerre, elle raconte avoir traversé la France avec de faux papiers pour se réfugier dans sa maison des Yvelines. "On m'a traitée de collabo, dit-elle, j'ai dû me justifier plus de cent fois devant le bureau d'épuration." Sans être inquiétée. La grande affaire de son retour à l'écran, c'est Madame de (1953), de Max Ophuls, où elle interprète une aristocrate fourvoyée dans ses mensonges. La rencontre avec Ophuls la fait entrer dans la légende : "Tu peux tout jouer, lui dit-il, surtout les rôles tragiques, parce que tu es toujours un peu ridicule." Elle veut alors corriger son image, se venger de tous ceux qui pensent que "Darrieux, c'est du champagne !" Elle est épouse bafouée et empoisonneuse dans La Vérité sur Bébé Donge d'Henri Decoin (1951), puis Mme de Raynal de Stendhal (Le Rouge et le Noir, de Claude Autant-Lara, 1954), Mme de Montespan (L'Affaire des poisons, 1955), avant d'être enquêtrice ardente des heures sombres de l'Occupation dans Marie-Octobre de Julien Duvivier (1959). Darrieux reste "la séduction française, la jeune fille des romans de Jacques Chardonne et de tous ces écrivains qui ont dépeint des femmes à la fois fantaisistes, pleines d'intelligence, d'une redoutable énergie", dit Pascal Thomas qui, avec L'Heure zéro (2007), lui a fait tourner un de ses derniers films. Après avoir tourné à Hollywood (L'Affaire Cicéron de Mankiewicz, 1952), séduit la Nouvelle Vague (dans Les Parapluies de Cherbourg, 1964, et Une chambre en ville, 1982, Jacques Demy la fait chanter), elle devient la vieille dame qui séduit les générations actuelles : André Téchiné dans Le Lieu du crime (1985), Benoît Jacquot dans Corps et biens, François Ozon dans Huit femmes (2002), Anne Fontaine dans Nouvelle chance (2006). Des films qui, avec d'autres, modifient l'image d'ingénue. "Une coquette métaphysique, résume joliment le critique Jean-Marc Lalanne. Tout est dans le miroitement des apparences."

"Terrorisée" par la mort

Quelques jours après l'annonce de la mort de Jean Rochefort, le 7e art est de nouveau en deuil. Jacques Jenvrin, compagnon de Danielle Darrieux, a annoncé que l'actrice qui avait fêté son centenaire le 1er mai dernier, est décédée ce mercredi 18 octobre dans la ville de Bois Le Roy, située dans l'Eure en Normandie. D'après Jenvrin, l'état de santé de la comédienne s'était dégradé suite à une chute. Voilà ce qu'il a déclaré à l'AFP : "Elle s'est endormie, on peut dire. A 100 ans passés, c'était une personne un peu diminuée, mais malgré sa cécité, elle était très attachée à la vie. On a encore eu une visite le 4 octobre, elle était très bien." Danielle Darrieux laisse derrière elle une carrière incroyable, longue de 80 ans. Il y a dix ans, sur l'antenne d'Europe 1, la comédienne expliquait avoir peur de la mort : "Oui bien sûr je suis terrorisée. Mais ce qui est merveilleux, c'est que je disais en boutade quand j'étais plus jeune que je ne ferai jamais ce métier tard car il y a un truc qui me dégoûterait, c'est de mourir en scène. Et me voilà, j'ai 90 ans, on me propose toujours des choses et je ne dis pas non". A l'époque, elle précisait aussi ne pas avoir de regrets : "C'est complètement négatif. Je n'ai pas de regrets. Je me pose des questions, mais les regrets je ne connais pas. Mais j'ai dit souvent qu'il serait bien dans la vie d'en avoir deux. On vit sa vie et, au bout de la première on se dit, 'il faudrait pas que je fasse ça et il faudrait que je ne fasse pas ça'". "L'antistar" aux trois maris Le metteur en scène Paul Vecchiali explique que dans les années 1930, Danielle Darrieux "devient star en inventant l'antistar. Jouant n'importe quoi, jamais n'importe comment, chantant, riant, pleurant, hurlant de sa manière à elle, désormais inimitable. Gamine apparemment écervelée, jolie, avec des pointes d'émotion qu'elle communique sans le moindre pathos." En effet, le public se souvient que Danielle Darrieux n'avait aucun mal à passer du drame à la comédie, pour le plus grand bonheur des réalisateurs. Côté vie privée, la comédienne a été mariée trois fois dans sa vie. Tout d'abord avec le cinéaste Henri Decoin, puis avec l'ambassadeur Porfirio Rubirosa et enfin le scénariste Georges Mitsinkidès. C'est avec lui qu'elle a adopté un fils, mais les deux hommes sont morts au début des années 1990.

Une histoire floue pendant la Seconde Guerre mondiale
Les spectateurs ne le savent peut-être pas, mais Danielle Darrieux a été accusée d'avoir collaboré avec le régime

nazi lors de la Seconde Guerre mondiale. En 1942, elle travaille pour la société de production Continental, une société allemande qui dépendait du ministère de la propagande de Joseph Goebbels. On l'invite à se rendre à Berlin en compagnie d'autres acteurs français comme Suzy Delair, Albert Préjean ou encore Viviane Romance. Plus tard, elle expliquera ne pas avoir eu "une idée bien précise" de ce que représentait la société de production Continental. A l'époque, elle était mariée à Porfirio Rubirosa, ambassadeur de la République dominicaine en France, interné dans un camp en Allemagne car soupçonné d'être un espion. Elle affirmera que ce voyage en Allemagne nazie était pour elle une façon de retrouver son mari. Quelques années plus tard, elle reviendra sur cette affaire : "On m'a traitée de collabo, j'ai dû me justifier plus de cent fois devant le bureau d'épuration ». C'est en 1931 qu'elle commence sa carrière, en tournant dès l'âge de 13 ans dans le long-métrage Le Bal. Par la suite, elle jouera avec les plus grands comédiens et réalisateurs et laissera une marque indélébile dans le cinéma français. En effet, elle a joué dans de grands films comme par exemple Les Demoiselles de Rochefort en 1967 aux côtés de Catherine Deneuve et Françoise Dorléac, ou encore plus récemment Huit Femmes de François Ozon en 2001. Danielle Darrieux était aussi une femme de théâtre, puisqu'elle a joué des pièces de Sacha Guitry, Feydeau ou encore Marcel Aymé. Elle a décroché en 2003 un Molière pour son interprétation dans la pièce "Oscar et la dame rose" d'Eric-Emmanuel Schmitt. Durant sa carrière, elle a aussi décidé de tenter l'aventure américaine et a notamment tourné pour le metteur en scène Billy Wilder. Danielle Darrieux laisse derrière elle une filmographie incroyable de plus de 100 films et l'on imagine que les hommages ne vont pas tarder à se multiplier pour saluer sa mémoire. Au micro d'Europe 1 en 2007, Danielle Darrieux précisait qu'elle détestait répéter, que ce soit pour ses pièces de théâtre ou ses longs-métrages. "Je ne sais pas si ça s'apprend vraiment. Car si ça s'apprend trop, il me semble que l'on ne devient pas naturelle. J'aurais été incapable d'aller dans une école de théâtre ou de cinéma, d'acteurs en tout cas. J'étais beaucoup trop timide. Il aurait fallu passer des scènes devant les copains et ça, j'en ai horreur. Et d'ailleurs, j'ai eu horreur toute ma vie et même maintenant de répéter. Dès qu'il y a des scènes d'émotion ou de drôlerie, je ne répète pas car sinon on perd tout. Le jeu total, il ne vient que quand la caméra tourne ou en scène quand le rideau se lève et que c'est le public".

François Ozon lui rend hommage Le cinéaste François Ozon a travaillé avec Danielle Darrieux sur le film Huit Femmes en 2002, dans lequel il dirigeait aussi Catherine Deneuve ou encore Isabelle Huppert. Actuellement en pleine promotion de son nouveau film en Russie, il a tout de même publié un communiqué sous la forme d'une auto-interview pour rendre hommage à la comédienne. "Je garde un souvenir joyeux et complice de notre travail sur Huit Femmes. Danielle était ravie d'être pour la troisième fois la mère de Catherine et très excitée de jouer avec les autres actrices pour la première fois. Sur le tournage, elle était une sorte de sphinx qui régnait sur la ruche, toujours à l'heure et connaissant son texte sur le bout des doigts, elle regardait avec amusement et un tendre détachement les angoisses et caprices de chacune.

Dès qu'il y avait des tensions, je me rendais dans sa loge et elle me consolait en me rassurant : 'si tu m'avais connue à leur âge j'étais bien pire qu'elles sept réunies'". Éric-Emmanuel Schmitt se souvient de la comédienne "C'est un bonheur que d'avoir connu Danielle Darrieux, un privilège qu'elle ait créé Oscar et la Dame rose" rappelle le metteur en scène pour Le Figaro. "S'il fallait circonscrire en peu de mots ce qui m'a immédiatement le plus impressionné, en elle, c'est qu'elle avait l'élégance de ne jamais s'appesantir sur le tragique de la vie. La légèreté était une philosophie, pour elle. Elle avait la volonté de tenir tête aux drames qu'elle avait affrontés. Son élégance, son humour, sa pudeur, le mystère profond dont cette femme lumineuse était nimbée, sa sensibilité intense, participaient d'une nature grave [...] Je la revois pour jamais, avec son sourire, son regard, cette beauté bouleversante, une coupe de champagne à la main, mais je sais quelle âme blessée elle était. Jouer la dame qui dit les lettres d'Oscar l'avait reconduite à des souvenirs très douloureux, qu'elle ne cherchait pas à étouffer, mais qui étaient au secret de ses pensées. Elle avait été très atteinte par la mort, à quarante ans, de son fils adoptif. Elle m'avait confié qu'elle ne montait jamais sur scène sans lui dédier la représentation [...] À l'heure de la saluer, il faut aussi parler de ce don du naturel qui était le sien et qu'elle a conservé à tous les âges de sa vie. Le don, ce mystère, cette évidence." Les chaînes bouleversent leurs programmes Comme ce fut le cas récemment pour Jean Rochefort, les chaînes de télévision ont décidé de bouleverser la grille des programmes afin de rendre hommage à Danielle Darrieux. Tout d'abord France 3, qui proposera aux téléspectateurs de redécouvrir dès ce jeudi

19 octobre à 20h55 la comédie Pièce Montée, sortie en 2010 sur les écrans. Puis ce sera au tour de Ciné + Classic d'offrir une rétrospective Danielle Darrieux au public vendredi 20 octobre, avec une soirée qui démarrera à 20h35 pour se terminer tard dans la nuit. Les films Tournons ensemble Mademoiselle Darrieux, La vérité sur Bébé Donge, Retour à l'aube, Battement de cœur et Adorables créatures seront diffusés sur la chaîne. Internaute. « Je bois de l'eau le matin, un peu de vin à midi et un whisky le soir. » Il y a quelques années, Danielle Darrieux confiait à un hebdomadaire les secrets de sa forme – elle avait tout de même 91 ans... Mais ne résumait-elle pas aussi, par cette phrase au rythme ternaire, sa prodigieuse carrière et l'évolution de son jeu au fil de longues décennies ?

L'une des grandes étoiles du XXe siècle : Débutante à 14 ans, dans le Bal de Wilhelm Thiele, elle possède, au matin de sa traversée du 7e art, la fraîche clarté de l'eau vive et la vivacité d'un torrent. Vingt ans plus tard, ses grands rôles des années 1950, notamment sous la caméra de Max Ophuls, mettent en lumière toute la rayonnante maturité de sa beauté comme les arômes subtils, ambigus et raffinés de son art de comédienne. Plus tard encore, au soir de sa vie, des réalisateurs espiègles et intelligents comme François Ozon (Huit Femmes en 2001), Anne Fontaine (Nouvelle Chance en 2005) ou Pascal Thomas (L'Heure zéro en 2007) écrivent pour elle des partitions plus corsées et réinventent à son intention l'emploi de vieille dame (un brin) indigne dans lequel elle se glisse avec gourmandise. Du début à la fin, sa beauté racée, fine et légèrement énigmatique, aura été caressée par les objectifs du cinéma, mise en lumière par les projecteurs des scènes de théâtre. Rétive à toute forme de rajeunissement chirurgical, Danielle Darrieux aura su vieillir avec naturel, conservant l'éclat de son regard bleu et mutin, le mystère de son sourire qui semblait toujours cacher davantage qu'il ne révélait. Son décès est celui d'une des très grandes étoiles du XXe siècle, l'une de celles qui, avec Michèle Morgan et, dans une un peu moindre mesure, Micheline Presle, incarnèrent la « Française » idéale, à la fois distinguée et délurée, cérébrale et sensuelle, sentimentale et déterminée, joyeuse et mélancolique... Les débuts d'une future star : La future actrice naît à Bordeaux le 1er mai 1917. Sa mère est musicienne, son père ophtalmologue et excellent pianiste amateur. La petite fille (qui perd ce père cultivé dès l'âge de sept ans) se destine pour sa part au violoncelle. « Des amis de ma mère lui ont parlé d'auditions pour un film. J'ai essayé comme s'il s'agissait d'un jeu et les événements ont voulu que cela devienne mon métier », racontait souvent Danielle Darrieux avec modestie. Elle est donc choisie pour le Bal. Immédiatement, les engagements s'enchaînent. Les réalisateurs des années 1930 sont envoûtés par son naturel, son minois malicieux et sa silhouette déliée, sa voix parlée joliment narquoise et sa voix chantée virginale et cristalline... C'est pourtant un rôle dramatique, dans Mayerling d'Anatole Litvak (1935) qui transforme la jeune vedette en star de l'écran. Beaucoup plus âgé qu'elle – elle avouait avoir cherché en lui une figure paternelle – le cinéaste Henri Decoin devient alors son mari et son mentor et lui concocte des films sur mesure : Abus de Confiance (1937), Retour à l'aube (1938), Premier rendez-vous (1941) … La guerre brouille un peu l'image de la comédienne : Entre-temps, elle aura passé une petite année à Hollywood (en 1937), attirée par les studios américains à la recherche de « petites françaises » charmantes et pittoresques. Essai peu satisfaisant qui se renouvellera, bien des années après, sous l'objectif autrement plus inspiré de Joseph L. Mankiewicz, qui lui confie un rôle d'espionne froide et dangereuse, européenne bien sûr, dans l'Affaire Cicéron, aux côtés de James Mason (1951). Elle y remplace d'ailleurs son amie Micheline Presle, alors enceinte. La guerre brouille un peu l'image de la comédienne. Séparée d'Henri Decoin, remariée au diplomate de Saint-Domingue Porfirio Rubirosa, ouvertement antinazi, Danielle Darrieux travaille cependant pour la Continental et accepte même un voyage à Berlin pour promouvoir ses films, dans l'espoir de retrouver son époux qui a été interné en Allemagne. « J'étais jeune, très amoureuse et inconsciente », explique-t-elle ensuite, sans cacher les reproches et incompréhensions que son attitude avait suscités à la Libération, même si le Comité d'épuration l'avait blanchie… Dans les années 1950, des rôles d'une densité nouvelle : Ce n'est que dans les années 1950 que sa carrière connaît un nouvel élan. Et quel élan ! En trois ans, elle tourne trois films avec Max Ophuls : La Ronde (1950), Le Plaisir (1951) et Madame de… (1953). Toutes les facettes de son talent sont exploitées par le réalisateur. La légèreté aimable de ses rôles d'avant-guerre demeure, désormais habitée par une densité nouvelle, plus complexe, plus intéressante. D'un plan à l'autre, Danielle Darrieux est primesautière ou grave, rieuse ou égarée, insouciante ou désespérée. Dans Madame de…, qui pourrait n'être que l'histoire bien connue du sempiternel trio amoureux, Ophuls filme comme aucun autre « ces yeux mi- fermés, ce sourire qui ne sourit pas et qui pleure et qui fait pleurer ». Avec tendresse et humour, la comédienne soutenait que ce film restait son préféré entre tous, celui grâce auquel on ne l'oublierait pas tout à fait…

Mais qui oublierait davantage l'empoisonneuse aux motivations opaques et pourtant impérieuses de La Vérité sur Bébé Donge (1951), d'après Simenon, où elle retrouve Henri Decoin ? Ou son incarnation toute de feu sous la glace de Madame de Raynal, éprise de Julien Sorel-Gérard Philipe, dans Le Rouge et le noir (1954) de Claude-Autant-Lara ? Un charme qui résiste au temps et aux modes : Quand, à la fin de ces années 1950, la bombe Brigitte Bardot explose au visage du cinéma français, une nouvelle « race » de comédiennes à la sexualité affichée et provocante semble vouloir détrôner les reines de l'élégance et de la demi-teinte séductrice. Parce qu'elle est sincèrement indifférente à son « plan de carrière », préfère la simplicité des balades à la campagne aux intrigues des dîners mondains, et sait accepter sans angoisse le temps qui passe, Danielle Darrieux résiste avec sérénité à la folie B.B. Claude Chabrol la dirige dans Landru (1962) et Jacques Demy se souvient de la merveilleuse actrice-chanteuse dans Les Demoiselles de Rochefort (1966). Philippe de Broca, Claude Sautet et André Téchiné succomberont eux aussi à sa radieuse beauté qui se fane sans se flétrir, à son irréductible ironie. N'affichant aucun mépris pour la télévision pour laquelle elle tourna régulièrement, Danielle Darrieux a aussi écrit son parcours dans les salles de théâtre dès l'avant-guerre. En 1963, Françoise Sagan imagine pour elle La Robe mauve de Valentine. Dans les années 1970, elle a même les honneurs de Broadway où elle triomphe dans « Coco », une comédie musicale sur Coco Chanel : elle y succède à l'une de ses idoles, la grande Katharine Hepburn... Plus près de nous, elle reprendra le rôle de Maud dans la fameuse pièce Harold et Maud de Colin Higgins et incarnera en 2003 la Dame rose au chevet du jeune Oscar, sous la plume d'Éric-Emmanuel Schmitt. Une malencontreuse fracture l'empêcha, en revanche, de partager ensuite l'affiche avec Jean Piat pour La Maison sur le lac d'Ernest Thompson. Dans ses ultimes rôles, à l'écran comme au théâtre, Daniel Darrieux déployait inlassablement la formidable énergie de son tempérament spontané, généreux – ne voulait-elle pas dans sa jeunesse se consacrer à quelque mission humanitaire ? – et volontiers irrespectueux des conventions. Mais celle qui avait perdu son troisième époux après 45 ans de vie commune, perdu aussi, prématurément, son fils adoptif, laissait sourdre au détour d'une réplique une tristesse noble et pudique, infiniment attachante. « Avec le grand âge, disait-elle, la notion du temps devient étrange. Je sais que ma vie est surtout derrière moi et pourtant je ne peux y croire... » Emmanuelle Giuliani

C'est le paradis

Espiègle et malicieuse comme une gamine découvrant les lumières du music-hall, elle s'amuse de tout. Fait rouler les « r » du nom de l'hôtel parisien où elle reçoit les journalistes avec une courtoisie d'une autre époque. Danielle Darrieux, 89 ans, sait bien que sa longévité et son exceptionnelle carrière - plus de 100 films - attisent la curiosité. Formidable de vivacité d'esprit et de repartie mordante, sa performance dans le film Nouvelle chance, d'Anne Fontaine, mérite tout autant l'attention. Aujourd'hui comme hier, elle refuse de se prendre au sérieux, menant ses entretiens comme son existence. Avec humour et fantaisie. - Faut-il voir dans le titre du film Nouvelle chance un clin d'œil affectueux à une nouvelle impulsion de votre carrière ? Danielle Darrieux : Oh, non, cela n'a rien à voir avec ma vie personnelle ! J'aurais horreur de jouer un rôle qui me ressemble. L'avantage du métier de comédien, c'est de n'être jamais soi... J'ai toujours trouvé très amusant de changer de personnage. Voyez-vous, je ne cherche pas à commencer une nouvelle carrière à mon âge. Je suis en fin de carrière ! Toutefois, si ça peut donner des idées à des cinéastes ou à des metteurs en scène qui m'avaient peut-être oubliée, je ne suis pas contre ! La profession a l'air d'apprécier le film, mais, pour ma part, je suis toujours incapable de me juger. Si je voyais une autre comédienne dans le rôle, je la trouverais mieux que moi. Je ne suis pas en adoration devant mon image. Durant le film, je n'arrêtais pas de dire que je me sentais laide et vieille. C'est pour cela que, maintenant, j'aime bien regarder mes premiers films. Qu'est-ce que j'étais mignonne ! - Vous dites que vous n'avez jamais aimé vous voir à l'écran. Qu'est-ce qui vous pousse à continuer ? - On me propose des jolis rôles, ça me fait plaisir et ça me prolonge... Le mot « retraite » me « débecte » profondément. Dans notre métier, il n'a aucun sens : il faut bien des vieux pour jouer les vieux. Je me souviens de Suzanne Flon, paniquée lorsque l'âge légal de la retraite a été avancé à 60 ans : elle était consternée à l'idée de ne plus pouvoir travailler. Je l'ai rassurée, mais je la comprends : c'est un métier privilégié. Moi qui ne voulais pas l'exercer, j'ai eu beaucoup de chance.

- Quels étaient vos rêves, à 14 ans, lorsque vous avez été repérée pour Le Bal ? - Je travaillais le violoncelle et, comme toutes les petites filles, je voulais soigner les enfants ou aller voir les animaux malades à l'autre bout du monde. Je n'avais pas d'idée précise de mes souhaits. Le jour où l'on m'a demandé de tourner, j'ai cru que c'était une blague. Je ne me suis aperçue qu'au bout de trois semaines qu'il y avait un micro. Je ne savais pas du tout ce que je faisais. C'est pour cela que j'ai été choisie : j'étais tellement naturelle... Cela ne m'a pas gênée de dire « maman » à un charmant assistant qui me donnait la réplique dans une scène où je devais convaincre ma mère de me laisser aller au bal. Huit jours plus tard, j'ai dû faire un essai plus dramatique : j'avais toujours le même jeune homme en face de moi et ma conviction n'a pas faibli. Pourtant, en 1931, le monde du cinéma était considéré comme un lieu de perdition. Heureusement, mes parents, qui évoluaient dans le milieu de la musique de chambre, ont pris conseil auprès d'artistes qui ont su les persuader... Après ce premier film, je n'ai rien tourné pendant un an : j'étais à l'âge ingrat. J'ai fait mon deuxième film à 15 ans et cela ne s'est jamais arrêté. À partir de ce moment, j'ai compris ce qu'était le métier. Le maquillage me permettait de cacher ma timidité maladive. On ne me voyait plus rougir : j'ai ressenti comme une libération de jouer une autre que moi-même. Jouer quelqu'un d'autre, c'est le paradis. Et avoir la sensation d'être aimée, c'est extraordinaire. - Êtes-vous fière de votre carrière ? - Non, je suis reconnaissante. Mon âge, je l'assume et je dis « merci ». Ce qui est atroce, c'est de mourir jeune, pas de mourir vieux. J'ai la chance de rencontrer encore plein de gens, de m'offrir des expériences nouvelles, moi qui déteste les certitudes. Je continue à faire des projets et j'aimerais voyager en roulotte parce que je ne prends ni l'avion, ni le bateau, ni le train. J'ai une peur bleue dans le TGV. Professionnellement, j'accueille la vie comme elle vient. Je ne pensais pas qu'on me confierait encore un grand rôle. D'habitude, on se partage les emplois épisodiques de « vieilles dames qui ont un nom » avec Michèle Morgan et Micheline Presle. Moi, je suis la plus vieille...

BOUVET Bruno

Les leçons de vie

Avec Danielle Darrieux il y a toujours des chansons, pas loin. Une affaire de famille pour cette fille de médecin-ophtalmo, mélomane, et de musicienne. Il y a celles, plus anciennes, des années cinéma, des années 1930 à 1950, qu'évoque une récente anthologie (aux éditions Frémeaux). Elles s'appelaient Battement de cœur ou Au petit bonheur, des romances de sa période « drôle de gosse ». Elle avait déjà une jolie voix. « On aurait pu m'avertir de ce recueil », regrette toutefois Danielle Darrieux, un peu déçue. Mais toujours cette petite musique. Dans un de ses derniers films Huit femmes (de

François Ozon), où elle est l'aînée d'une pléiade de stars, elle chante Il n'y a pas d'amour heureux, le poème d'Aragon mis en musique par Brassens. Dans la pièce d'Éric-Emmanuel Schmitt qu'elle joue actuellement, Oscar et la dame rose, c'est encore une ballade toute simple qu'elle fredonne quand la tension se fait plus forte. On lui prête même le rêve de présenter de nouveau un tour de chant. Dans sa loge, après une énième répétition, en compagnie de ses proches, Danielle Darrieux évoque son nouveau défi : une heure trente, seule sur scène. « Au fond j'aime bien la difficulté », lance-t-elle, tranquille. Elle s'est préparée par une tournée en province. Elle aborde depuis quelques jours le marathon des représentations à Paris. Le conte d'Eric-Emmanuel Schmitt Oscar et la dame rose l'a touchée. « Il élève la pensée et puis c'est un rôle de femme de mon âge. » Une de ces grands-mères qui déjoue les coups du sort et affronte la mort d'un enfant. Comme Danielle Darrieux qui a perdu un fils de 40 ans. À 86 ans, Danielle Darrieux apprécie le moment présent. D'autant qu'elle n'a rien d'une débutante au théâtre. La première fois qu'elle est montée sur les planches dans Jeux dangereux, elle s'est s'enfuie, à l'entracte après une panne d'accessoire. Le trou dura trois quarts d'heures avant que la jeune première accepte de reprendre son rôle. Elle fut ensuite Laurette, Coco, Gigi et encore Maude pour Harold et Maude. « Les rôles dramatiques conviennent plutôt à des gens jeunes », assure Danielle Darrieux qui compte soixante-dix ans de carrière artistique. Elle a débuté au cinéma à 14 ans dans Le Bal de l'Autrichien Wilhelm Thiele. Elle a tourné dans plus de 200 films dont Mayerling d'Anatole Litvak (1936), Le Rouge et le Noir (1954) de Claude Autant-Lara avec Gérard Philipe ou Les Demoiselles de Rochefort de Jacques Demy (1966). On la verra bientôt dans les Liaisons dangereuses version Josée Dayan. Et elle est en contact avec Anne Fontaine pour reprendre un rôle jadis créé par Madeleine Renaud, d'après Les Salons. Pour le compte d'Oscar et la dame en rose Danielle Darrieux s'adresse à Dieu. « Je suis croyante » reconnaît-elle, Même si certains jours je ne donne pas de nom à ce Dieu ». Elle avoue admirer Sœur Emmanuelle : » Elle a l'air si heureuse ». Une sensibilité à la « misère du monde » acquise dès les jeunes années quand Danielle se voyait partir en Afrique sur les traces du docteur Schweitzer. Et puis le cinéma l'a placée très tôt en haut de l'affiche. « J'ai eu de la chance », estime la rayonnante artiste qui a tourné avec Decoin, son mari, et Max Ophuls (La Ronde ou Madame de.). « Ma vie privée m'a toujours plus importée que ma carrière, poursuit-t-elle. Je ne me suis jamais prise pas au sérieux » avoue-t-elle. Elle qui fait figure de sage pour les générations d'actrices. Elle parle encore de ses deux petits-enfants, de l'île de Noirmoutier où elle goûte les plaisirs concrets de la nature. Sans jamais élever le ton ni exprimer de lassitude. Bien sûr elle fume encore trop à son goût pour chanter longtemps. Mais la vie réserve de belles surprises à ceux qui savent encore s'étonner.

Robert MIGLIORINI

Voici, dans une carrière aussi brillante que longue, trois de ses prestations les plus marquantes, deux au cinéma et une au théâtre : - "Mayerling", d'Anatole Litvak (1935). Le générique est prestigieux : Joseph Kessel et Marcel Achard au scénario, Arthur Honegger à la musique, Charles Boyer en vedette masculine. C'est l'histoire en 1889, dans l'empire austro-hongrois, de l'archiduc Rodolphe de Habsbourg qui, marié, s'éprend de la jeune Marie Vetsera. Le film a certes vieilli mais il reste une référence en France et à l'étranger et un film culte pour nombre d'admiratrices de Charles Boyer et de Danielle Darrieux. L'actrice obtint à cette occasion le statut de star incontestée du cinéma français alors qu'elle n'avait que 18 ans. "Mayerling reste, d'abord et avant tout, un mélo amoureux, à l'esthétique sombre, mortifère, où Darrieux symbolise, a contrario, la tentation de la pureté et l'espoir de la lumière. Dès sa première apparition, elle irradie", écrivait Télérama en 2014. - "Madame de..." (1953, adaptation du roman de Louise de Vilmorin) de Max Ophüls. Pour payer une dette de jeu, Madame de... vend les boucles d'oreilles que son mari lui a offertes et qu'elle feint ensuite d'avoir égarées. Elles sont rachetées par un diplomate qui les offre en signe d'amour naissant à Madame de... Ophüls, qui a déjà dirigé DD dans "La ronde" et "Le plaisir", est enthousiaste : "Quelle sublime comédienne ! Regardez ce tendre mouvement de l'épaule ! Regardez ses yeux mi- fermés ! Et son sourire !". "J'adore ce film. C'est même le seul que je regarde avec un vrai plaisir, a dit l'actrice à L'Express en 1997. Je devais être terriblement amoureuse pour dégager de telles ondes. Amoureuse de Max Ophüls, de Charles Boyer, que je retrouvais dix-huit ans après + Mayerling +, et de Vittorio De Sica, qui avait un charme fou. J'étais au milieu de ces trois hommes sublimes, comme dans un rêve. D'ailleurs, à l'écran, on voit bien que je suis sur un nuage. Il y a eu un miracle. C'est peut-être aussi parce que c'était mon dernier film avec Ophüls". - En 2003, DD, 85 ans, parvient à capter, seule en scène, l'attention du public pendant près d'une heure et demie avec un monologue d'Éric-Emmanuel Schmitt, "Oscar et la dame rose" à la Comédie des Champs-Élysées à Paris. Elle joue le rôle d'une visiteuse des hôpitaux qui s'est attachée à un enfant leucémique. Elle le sait perdu et s'efforce de lui donner des raisons de vivre encore un peu. DD parvient à suggérer la personnalité de l'enfant, qu'on ne voit à aucun moment, et celle de la dame, la visiteuse, avec justesse et charme. Ce rôle lui vaut un Molière de la meilleure comédienne. "Parce qu'+ Oscar et la dame rose + est un hymne à la vie, je l'ai dédié à Danielle Darrieux, écrira E.-E. Schmitt. Pétillante, malicieuse, caustique, rosse, naturelle, loin de tout pathétique, gourmande, lumineuse, pudique, elle est pour moi l'incarnation de ce que je voulais dire ». Dominique Besnehard, le célèbre agent de cinéma, en veut à plusieurs actrices - et pas n'importe lesquelles. Dans sa ligne de mire : Catherine Deneuve, Émmanuelle Béart, Fanny Ardant, Ludivine Sagnier, Virginie Ledoyen, Firmine Richard et Isabelle Huppert. Ces sept femmes étaient en effet en 2001 à l'affiche de 8 Femmes, le long-métrage de François Ozon, au côté de Danielle Darrieux. L'icône du cinéma français s'est éteinte à 100 ans mardi 17 octobre, mais lors de son enterrement mercredi 25 octobre, ses anciennes partenaires à l'écran brillaient toutes par leur absence. « Je suis atterré du peu de monde qui a assisté aux obsèques de Danielle Darrieux hier au cimetière de Marne La Coquette. Ses partenaires ne sont pas tous morts. Aucune des huit femmes n'était là mais la belle présence de son metteur François Ozon rattrapait leur indifférence », a-t-il écrit dans un billet posé sur sa page Facebook. L'agent a également loué la présence de Dominique

Lavanant, « sa dernière partenaire au théâtre » ou encore celle de Line Renaud, « toujours respectueuse et fidèle ». De ses plus de cent dix films (elle a aussi joué au théâtre, enregistré des disques, interprété des séries télé et, à Broadway, sur scène, remplacé Katharine Hepburn dans un musical sur la vie de Coco Chanel), on a choisi dix titres. Mais on aurait pu tout aussi bien parler de Retour à l'aube d'Henri Decoin (1938) où elle joue une mini-Bovary confrontée à la noirceur d'un polar. Du moment où Madame de Rênal parcourt les couloirs jusqu'à la porte derrière laquelle dort Julien Sorel (Le Rouge et le Noir, de Claude Autant-Lara, 1954). De ses scènes dialoguées par Michel Audiard dans Le Désordre et la nuit de Gilles Grangier (1958). De ses deux duos magnifiques : l'un avec Alain Delon dans un sketch du Diable et les dix commandements (Julien Duvivier, 1962), l'autre avec Catherine Deneuve dans Le Lieu du crime (André Téchiné, 1983). Et de son dernier grand rôle au cinéma, offert par Anne Fontaine dans Nouvelle Chance (2006) …

1 – "Battement de cœur", d'Henri Decoin (1939) Danielle Darrieux devient célèbre avec Mayerling (1936), d'Anatole Litvak. A la fin des années 1930, c'est l'actrice la plus populaire de France, et Henri Decoin lui offre le seul film qui peut rivaliser, encore aujourd'hui, avec les grandes réussites américaines de la comédie. Elle y étincelle, face à Saturnin Fabre, génial en professeur de vol à la tire qui apprend aux « sans-papiers » de l'époque à voler dans le métro. L'insécurité, déjà… 2 – "Occupe-toi d'Amélie", de Claude Autant-Lara (1949) Adaptation déjantée de la pièce de Feydeau. Dans La Rose pourpre du Caire, Woody Allen filmait des personnages qui traversaient l'écran. Trente ans auparavant, Claude Autant-Lara montre des

spectateurs monter sur scène pour interrompre une intrigue qu'ils jugent immorale : triomphe du surréalisme absurde. Et c'est le rire de Darrieux, époustouflante en cocotte gouailleuse et tendre, qui semble, par moments, inspirer les mouvements de caméra... 3 – "La Vérité sur Bébé Donge", d'Henri Decoin (1951) Pourquoi Elisabeth Donge, que tout le monde appelle « Bébé » à 30 ans passés, verse-t-elle, un après-midi, de l'arsenic dans le café de son mari ? Parce qu'il l'a négligée, niée, ce qui fait du personnage imaginé par Georges Simenon une féministe avant l'heure. Face à Jean Gabin, splendide, Darrieux se métamorphose : l'idéaliste candide devient, peu à peu, un ange de la Mort, sans pitié ni pardon. 4 – "L'Affaire Cicéron", de Joseph L. Mankiewicz (1952) Le valet de chambre de l'ambassadeur d'Angleterre à Ankara a effectivement vendu aux nazis (qui ne l'ont jamais cru !) les plans du débarquement allié en Normandie. Mais Mankiewicz transcende cette histoire : le héros minable devient un seigneur désenchanté, presque shakespearien, interprété par James Mason. Et il fait de Danielle Darrieux une aristocrate cynique, prête à tout pour retrouver son rang. Elle gifle son ex-domestique, venu lui proposer une association. « Parce que vous m'avez parlé en domestique. Comme un être qui se croirait inférieur et qui essaierait d'acheter ce qu'il penserait ne pas mériter. » Lutte des classes et sadomasochisme... 5 – "Madame de...", de Max Ophuls (1953) On a triché. Les trois films que Darrieux tourne avec Max Ophuls mériteraient de figurer parmi ses dix meilleurs... Dans La Ronde (1950), elle ne fait que demander l'heure pour retenir la fuite du temps. Dans Le Plaisir (1952), la prostituée qu'elle incarne murmure un simple « Merci » à l'homme (Jean Gabin) qui s'excuse de lui avoir manqué de respect. Admirablement filmé par Ophuls et à peine susurré par Darrieux, ce simple mot permet, en un instant, à Madame Rosa de retrouver sa dignité perdue… Pour Madame de…, leur chef-d'œuvre commun, le réalisateur s'isole avec celle qui est devenue son interprète favorite, il lui parle, il l'entoure, il l'encercle pour mieux la lâcher au moment des prises. Elle et lui ont rendu Madame de… inoubliable. L'équipe de Télérama l'a récemment classé parmi les 100 meilleurs films de tous les temps… 6 – "Les Demoiselles de Rochefort", de Jacques Demy (1967) Demy l'adorait, l'appelait son « stradivarius ». C'est la seule à chanter vraiment dans Les Demoiselles…, comme elle l'a toujours fait dans ses comédies des années 1930. Notamment sur un tempo rapide composé par Michel Legrand, alors qu'elle feuillette les pages du journal local : « Tiens, on a découvert une femme en morceaux, rue de la Bienséance, à deux pas du château… » Elle y incarne une quinquagénaire qui a laissé passer le grand amour d'un certain Simon Dame : « Je me serais appelée Madame Dame, j'aurais été ridicule ! » 7 – "24 heures de la vie d'une femme", de Dominique Delouche (1968) Pas de chance, le film sort en 1968 : tout le monde se fiche de Stefan Zweig (c'est une de ses nouvelles les plus célèbres), et on reproche à Dominique Delouche sa sophistication. Aujourd'hui, on remarque surtout sa mélancolie : les dames bijoutées qui écoutent un concert, un soir de pluie, évoquent Federico Fellini, dont le cinéaste fut l'assistant. Et la mort est omniprésente, avec les silhouettes de soldats partant pour la guerre de 14… Face à un jeune joueur inguérissable qu'elle tente, en vain, de sauver, Darrieux semble glisser d'une scène à l'autre, fragile et obstinée... 8 – "Une chambre en ville", de Jacques Demy (1982) Un film 100 % chanté, comme Les Parapluies de Cherbourg, mais aux couleurs bleu nuit et rouge sang. Dans une ville en grève, Edith de Nantes – c'était le titre souhaité par Demy – rencontre un ouvrier métallurgiste : passion brève et fatale... Toutes les allées et venues des personnages aboutissent à l'appartement de la veuve d'un colonel, fan de gros-plant nantais. A la fois candide, cynique, lucide et grotesque, elle devient le témoin, hagard et chancelant, de cette tragédie musicale qui, avec les années, compte des fans de plus en plus enthousiastes... 9 – "En haut des marches", de Paul Vecchiali (1983) A 6 ans, Paul Vecchiali tombe en arrêt devant une photo de Danielle Darrieux dans Mayerling. Il ne s'en remettra jamais... Il la célèbre, l'encense, songe à lui faire jouer (avec Simone Signoret) Femmes, femmes, qu'admirera tant Pier Paolo Pasolini, lui écrit des projets magnifiques qui n'aboutiront pas, faute de moyens. Enfin, il la dirige dans En haut des marches, où elle interprète... sa mère, revenue à Toulon, dans les années 1960, pour y accomplir une vengeance. Virtuosité technique, plans-séquences superbes, avec une Darrieux rêvée, qui marche dans les rues, un pistolet dans son sac, tel un pistolero dérisoire... 10 – "8 Femmes", de François Ozon (2002) Il lui propose de jouer la belle-mère de Charlotte Rampling dans Sous le sable. « Ah non, lui dit Darrieux, je refuse de jouer une vieille dame en chemise de nuit ne quittant plus son fauteuil. » Qu'à cela ne tienne : dans 8 Femmes, François Ozon lui offre le rôle d'une mamie avaricieuse, menteuse, faussement paralysée : elle est ravie. Ozon en fait une criminelle, en plus, meurtrière d'un mari à qui elle n'avait rien à reprocher, sinon de l'ennuyer intensément.

Plus amorale que jamais, elle chante, les larmes aux yeux, lors du dénouement : « Il n'y a pas d'amour heureux. » Ben tiens…Télérama.

Fin

Printed in Great Britain
by Amazon